Latin America
El dorado rises again

다시 떠오르는 엘도라도
라틴아메리카

최연충

이지출판

‖‖‖‖ 일러두기 ‖‖‖‖

이 책에는 많은 외국 인명과 외국 지명이 나오는데, 이를 한글로 표기하기가 쉽지 않았다. 특히 스페인과 중남미 계열의 인명과 지명은 현지 발음대로 적는 것이 원칙이겠으나, 이를 그대로 따를 경우 이미 영어식 표기에 익숙한 독자들이 생소하게 받아들이지 않을까 염려되었다. 고심 끝에 이렇게 하기로 하였다.

모든 인명과 지명은 가급적 현지 발음에 가깝게 표기하되, 이미 대중에게 널리 받아들여져 통용되고 있는 영어식 표기는 그대로 쓰기로 하였다. 예를 들어 라틴아메리카 고대 문명 중 하나인 Azteca 문명을 현지 발음으로 하면 '아스떼까' 문명으로 표기하는 것이 맞겠으나, 그보다는 많은 사람들의 눈에 익숙하고 관련 서적이나 자료에서도 보편적으로 쓰고 있는 '아즈텍' 문명으로 표기하였다. 독자 여러분의 양해를 바란다.

라틴아메리카

멕시코

쿠바

도미니카공화국

푸에르토리코

안티구아 바부다

벨리스
온두라스
자메이카
아이티

세인트
키츠네비스
세인트루시아
세인트빈센트
그레나딘

과들루프
도미니카
마르티니크
바베이도스
그레나다

과테말라
엘살바도르

니카라과

트리니다드 토바고

코스타리카

베네수엘라

가이아나
프랑스령
기아나

파나마

콜롬비아

수리남

에콰도르

페루

브라질

볼리비아

파라과이

칠레

우루과이

아르헨티나

포클랜드 제도(영국령)

기회의 땅 라틴아메리카 들여다보기

_ 김황식 전 국무총리

2011년 1월 우루과이를 공식방문하여 '세상에서 가장 가난한 대통령' 호세 무히카를 만났다. 알려진 그대로 너무나 소탈하고 인간적인 모습에 반했고, 우루과이도 더욱 가깝게 느껴졌다. 당시 양국 간 최대 통상 현안은 우루과이산 소고기의 한국 시장 수출길을 다시 여는 것이었고, 무히카 대통령도 이를 간곡하게 주문했다. 우리로서는 쉽지 않은 결정이었지만 결국 이듬해 말에 한국 시장은 다시 열렸다.

그에 이르기까지 현지 대사가 동분서주하면서 양국의 입장을 조율하느라 애를 많이 써주었다. 열정을 갖고 맡은 일에 최선을 다하는 그의 모습을 아직도 인상적으로 기억하고 있다. 바로 이 책의 저자 최연충이다. 그는 중남미가 우리에게 기회의 땅으로 다가오고 있는데 정작 우리는 중남미에 대해 너무 모르고 있어 안타깝다고 했다. 그 안타까운 마음이 책을 쓰게 된 동기가 되었을 것이다.

저자는 이웃에게 이야기하듯이 쉽게 매듭을 풀어나간다. 독자들은 그가 안내하는 대로 시간의 흐름을 따라가면서 자연스럽게 중남미의 역사를 알게 되고, 아울러 오늘날 중남미 각국이 저마다의 사정을 안고 살아가고 있는 배경을 이해하게 될 것이다. 이렇게 중남미를 알고 공감대를 넓혀 가는 것은 매우 중요한 의미를 갖는다.

중남미를 대상으로 공부를 하든, 사업을 하든, 여행을 하든, 그곳과 거기 사는 사람들을 깊이 있게 들여다보고 함께 느낄 수 있는 바탕이 되기 때문이다. 각 분야에서 중남미 진출을 꿈꾸고 있는 분은 물론, 세상 저편의 이야기가 궁금한 모든 분들에게 꼭 읽어 보시기를 권해 드린다.

매력적인 시장
라틴아메리카

_ **박재완** 한반도선진화재단 이사장, 전 기획재정부장관

6억 명이 살아가는 라틴아메리카는 엄청난 잠재력을 지닌 매력적인 시장이다. 21세기 경제강국으로서의 입지를 굳히기 위해 애쓰고 있는 우리로서는 시장 다변화를 위해서라도 결코 놓칠 수 없는 곳이다. 이 지역을 제대로 연구하고 대비하는 노력이 필요한 이유이다.

이 책의 저자는 경제관료로서 오랫동안 국토와 도시정책을 다루는 한편, 해외건설 진출 확대를 위해서도 많은 노력을 기울여 왔다. 그러면서도 늘 시야를 넓게 가지려고 애썼고, 특히 일찍부터 라틴아메리카의 가치에 주목하여 이 지역의 역사와 정세에 관한 연구를 계속해 왔다. 이같은 혜안이 바탕이 되어 경제관료로서는 드물게 주우루과이 대사로 발탁되어 소임을 마무리하고, 그 열정과 현장 경험을 이 책에 고스란히 담았다.

라틴아메리카의 아픈 역사, 각국이 겪고 있는 만만찮은 현실, 이곳을 두고 미국과 중국이 격돌하는 양상, 그리고 앞으로 펼쳐질 미래까지 두루 다룬 이 책은 생소한 세계로 다가가는 길라잡이가 될 것이다.

무엇보다도 소설처럼 쉽고 재미있다. 라틴아메리카를 깊이 있게 알고자 하는 분은 물론이고, 평소 이 지역에 관심을 두지 않고 있던 분에게도 일독을 권한다. 세상을 보는 눈이 달라질 수 있다.

무한한 잠재력을 가진 라틴아메리카

_ **권도엽** 전 국토해양부장관

최연충 대사가 쓴 이 책은 이미 우리에게 중요한 시장으로 다가온, 무한한 잠재력을 가진 중남미에 대한 이해를 키워갈 수 있는 좋은 기회를 제공하고 있다. 일반적으로 중남미 또는 라틴아메리카라는 하나의 단어로 뭉뚱그려 불려지고 있는 이 지역은 지구 육지면적의 1/5에 달하는 광활한 땅에 다양한 인종으로 구성된 6억 5천만 명의 인구가 살아가고 있는 곳이다. 자원과 생물 다양성의 보고이기도 하다.

이 책은 다양하고 복잡한 관계로 얽혀 있는 중남미 전반의 역사와 문화, 정치, 국가간 관계의 골격을 저자 특유의 필치와 구성으로 쉽고 간결하게 잘 정리해 놓았다. 스페인 유학 시절 중남미를 접한 이후 꾸준히 이 지역에 관심을 기울여 연구하고, 우루과이 대사 근무를 통해 현지에서 직접 느끼고 체득한 저자의 식견이 녹아든 결과라고 본다.

중간중간에 필요한 지도와 사진을 곁들이고 다소 복잡한 내용은 별도로 기술함으로써 이해에도 도움이 되지만 재미있게 읽을 수 있다. 나라별 접근전략을 모색해야 하는 경제인들이나 중남미를 여행하고자 하는 분들은 물론, 이 지역에 관심을 가지고 기본적인 정보를 얻고자 하는 모든 분들에게 좋은 지침서가 될 것이다.

자원의 보고인 이 지역의 발전에 식민지배와 해방신학, 종속이론, 부패문제 등이 미친 영향을 생각해 보고 우리 사회의 지속 발전을 위한 통찰을 얻을 수도 있다면 금상첨화일 것이다. 청렴의 대명사인 호세 무히카 우루과이 전 대통령과도 각별한 인간관계를 유지해 왔던 최 대사가 바쁜 가운데서도 좋은 책을 내주었다. 존경의 마음을 보낸다.

떠오르는 시장
라틴아메리카 가이드북

_ 허태완 외교부 중남미국장

일반적으로 우리가 중남미라는 말을 듣게 되면 우선은 참 멀게만 느껴지는 것이 현실이다. 남북으로 길게 펼쳐진 대륙과 짙푸른 카리브 바다에 33개국이 자리잡고 있지만 몇몇 관광명소나 단편적인 사실 외에는 잘 알려져 있지 않기 때문일 것이다.

그러나 안정적인 성장을 위해서 수출과 해외진출이 불가결한 우리에게 중남미는 아프리카, 중동 등과 더불어 소홀히 할 수 없는 떠오르는 시장으로 부각되고 있다.

알찬 여행을 하려면 철저한 준비가 필요하듯 새로운 지역이나 시장에 진출하기 위해서는 그곳의 사람, 역사, 문화 등에 대한 다양한 지식을 풍부하게 갖추어야 실패할 확률이 그만큼 낮아질 수 있다.

그런 점에서 때마침 좋은 가이드북이 나왔다. 최연충 전 우루과이 대사의 공직 경험과 열정, 그리고 탄탄한 조사 연구 결과가 담겨 있는《다시 떠오르는 엘도라도, 라틴아메리카》는 중남미 진출의 꿈과 의지를 갖고 있는 분들에게 훌륭한 안내서가 될 것으로 생각한다.

아무쪼록 보다 많은 분들이 이 책을 접하게 되어, 우리 사회에서 중남미가 지리적으로는 멀지만 마음으로는 가까워지는 계기가 되기를 소망한다.

새로운 경제협력 파트너
라틴아메리카

_ **신숭철** 한 · 중남미협회 상근부회장, 전 주베네수엘라 대사

이제 우리는 라틴아메리카로 눈을 돌려야 한다. 불확실성의 시대에 시장 다변화를 위한 새로운 파트너가 더욱 절실하기 때문이다.

라틴아메리카도 우리와의 협력관계 구축에 전례 없는 관심을 표명하고 있다. 개방화라는 변화의 시대를 맞아 라틴아메리카가 우리 경제에 활력을 불어넣어 주는 블루오션이 될 것이라 확신한다.

이런 면에서 시의적절하게도 최연충 전 주우루과이 대사가 라틴아메리카를 알리는 좋은 책을 내놓았다. 이 책은 우리의 중남미 진출이 미흡한 데 대한 성찰과 라틴아메리카에 대한 남다른 열정의 결과물이다.

오랫동안 인프라 분야에서 정책을 다루어 온 저자가 생생한 공직 경험을 바탕으로 집필한 이 책은 다양한 분야에서 라틴아메리카 진출을 모색하고 있는 분들에게 유용한 길잡이가 되고, 우리 기업에게도 실질적인 도움이 될 것으로 생각한다.

이 책을 통해 중남미에 대한 우리 관심이 높아지고 한국과 라틴아메리카 간의 제반 협력관계가 심화되기를 기대한다.

21세기 블루오션
라틴아메리카

우리 헌법은 대한민국의 영토를 "한반도와 그 부속도서로 한다"고 명시하고 있다. 그러나 모두 알고 있듯이 실제로 우리 주권이 배타적으로 미치는 강역은 남한 땅에 국한되어 있으며 면적은 10만km²가 채 안 된다. 이 좁은 땅에 5천만 명이 넘는 인구가 북적대며 살아가고 있다. 석유 한 방울 나지 않고 다른 부존자원도 딱히 내세울 게 없다. 이런 사정에서는 숙명적으로 나라 밖에서 부가가치를 창출하고 무역을 통해 성장기반을 다져나갈 수밖에 없다.

그동안 우리의 경제협력 파트너이자 주력 수출시장은 미국, 중국, 일본의 빅3와 유럽, 중동, 동남아 지역에 편중되어 있었다. 그런데 과연 21세기 이후에도 이 시장만으로 우리의 지속가능한 발전을 보장받을 수 있을까? 아마 누구도 그렇다고 대답하기는 어려울 것이다.

일례로 그동안 우리 경제성장의 일등공신이었던 해외건설을 보자. 우리 해외건설 수주는 2010년 716억 달러로 정점을 찍은 데 이어 2014년까지 매년 650억 달러 내외를 유지해 왔으나 2015년에는 461억 달러, 2016년에는 240억 달러 수준으로 급감하였다. 물론 세계 경기 침체와 저유가의 여파가 컸던 것은 사실이지만, 그만큼 우리의 시장 편중이 커다란 취약점을 안고 있으며 시장 다변화가 절실한 과제임을 여실히 보여 주는 사례가 아닐 수 없다.

그럼 어느 곳이 우리의 미래 시장으로 유망할까? 우선 개발 수요가 큰 아프리카를 떠올릴 수 있겠지만 아직은 정부의 투명성, 과실송금, 인프라 지원, 물류 등 여러 면에서 불확실성이 커 보인다. 다음으로 최근 경제 제재에서 풀려난 이란과 그 주변 중앙아시아 지역을 꼽을 수 있겠다. 하지만 미국 트럼프 정부가 등장하면서 이란에 대한 경제 제재 해제가 순조롭게 이행될지 불투명해졌다. 여기에 시리아 사태와 IS의 테러 위협도 여전히 현재진행형이다. 역시 리스크가 만만치 않다.

그렇다면 남은 곳은 어디일까? 우리의 눈길은 자연히 중남미, 즉 라틴아메리카로 향한다. 라틴아메리카는 북으로 멕시코에서부터 중미와 카리브 지역을 거쳐 남미 대륙까지 이어지는 광활한 영역을 아우른다. 전 세계 육지면적의 1/5을 차지하며, 역내 인구는 6억 명을 넘는다. 원유를 비롯하여 철광석, 구리, 보크사이트, 니켈, 주석, 리튬 등 광물자원의 보고(寶庫)이다.

또한 15세기 이래 약 300년간 유럽의 식민지배를 받은데다가 근대 이후에도 지속 성장을 위한 투자가 충분히 이루어지지 않은 곳이기에, 그만큼 인프라 개발 수요가 도처에 널려 있다. 옛 스페인 사람들은 엘도라도(El dorado, 황금의 땅)를 찾아다녔지만, 우리는 이곳에 널려 있는 기회를 찾아나서야 할 때다. 비록 베네수엘라를 비롯한 일부 국가가 정치·경제적인 어려움을 겪고 있기는 하지만, 이 지역이 갖고 있는 무궁한 잠재력에 비추어 보면 이것도 그리 큰 걸림돌로 보이지는 않는다.

세계 각국도 라틴아메리카의 가능성에 주목하여 투자와 지원을 늘려가고 있다. 미국은 1823년 먼로 독트린 선언 이후 라틴아메리카를 자국의 앞마당처럼 여기며 절대적 영향력을 행사해 왔고, 최근에는 중국이 놀라운 기세로 라틴아메리카 시장을 공략하고 있다. 일본은 자국의 교민사회 세력이 강한 페루와 브라질에 특히 공을 들이고 있다.

우리나라도 최근 이 지역 국가들과 양자 및 다자간 FTA 체결을 적극 추진하는 한편, 여러 분야에서 다양한 프로그램으로 라틴아메리카 진출을 늘려 나가고 있다. 인프라 건설을 비롯하여 전자정부, 보건의료, 교육 및 인적자원 개발, 국토 공간 정보, 환경 개선 분야 진출이 특히 두드러진다. 다소 늦기는 했지만 라틴아메리카를 새로운 블루오션으로 인식하기 시작했다는 점에서 퍽 고무적이다.

문제는, 이렇게 라틴아메리카에 대한 관심이 커지고 진출이 늘어나고 있음에도 의외로 많은 사람들이 이 지역을 제대로 알지 못하고 있다는 것이다. 공적 분야든 민간 기업활동이든 이곳에서 소기의 성과를 올리고 협력의 지평을 넓혀 나가려면, 우선 라틴아메리카의 과거와 현재에 대한 기본적인 소양과 함께 그곳에 사는 사람들의 심성을 이해하고 아픔을 나눌 수 있는 자세가 필요하다.

이런 분들에게 작은 도움을 드리고 일반인들에게도 라틴아메리카의 이모저모를 소개해 드리고 싶어 책을 쓰게 되었다. 글의 전개는 라틴아메리카의 고대 문명에서 출발하여 서구 문명과의 만남-식민지배 시절-독립과정-격동의 근세사-오늘의 정세-미래 전망 순으로 시간의 흐름을 따라가는 방식을 택했다.

하지만 전반적으로 정치·경제 쪽 이야기에 치우치는 결과가 되어 아쉬운 점이 적지 않다. 라틴아메리카 특유의 문화와 예술, 문학, 전통과 풍습까지 고루 다루었으면 더 좋았겠지만 거기까지는 아직 필자의 능력이 미치지 못함을 자인하면서 다음 기회를 기약하기로 한다. 부족하나마 이 작은 시도가 라틴아메리카를 좀 더 가깝게 느끼고 받아들이는 데 보탬이 되기를 희망한다.

차례

1. 라틴아메리카는 어떤 곳인가

　우리가 흔히 중남미라고 일컫는 곳, 곧 라틴아메리카가 다시 주목을 받고 있다. 왜 '다시' 주목받는다고 하는가? 잘 알려진 대로 15세기 말 콜럼버스가 신대륙을 발견한 이래 이 땅은 서구인들에게 그야말로 황금의 땅(El Dorado)으로 떠올랐던 적이 있기 때문에 그렇다. 물론 그들이 눈에 불을 켜고 찾아 헤매던, 황금이 지천으로 깔린 곳은 어디에도 없는 것으로 드러났지만, 이 거대한 대륙이 그들에게 엄청난 부를 안겨 준 기회의 땅이었다는 사실은 부인할 수 없다. 그들에게 '발견되어진' 이 땅의 원래 주인들로서는 그로부터 통한의 날들이 이어졌을 뿐이지만 말이다.

　이제 이 대륙이 아픈 역사를 딛고서 새롭게 도약하기 위해 꿈틀대고 있다. 우리도 이 변화의 흐름을 놓치지 말고 미리미리 대비하는 것이 중요하다. 정치, 경제, 문화예술 등 분야를 가리지 않고 세계를 무대로 활동영역을 넓혀 나가야 할 우리로서는 중남미 지역이 새로운 기회의 땅이 될 것이기 때문이다. 특히 경제 통상 분야의 경우, 풍부한 자원과 엄청난 투자수요가 널려 있는 중남미는 우리에게 블루오션이 될 것임에 틀림없다.

이렇게 중남미의 전략적 가치가 나날이 높아지고 있는데, 그렇다면 우리는 이곳에 대해 얼마나 알고 있는가? 안타깝게도 중남미는 아직 우리에게 그다지 많이 알려져 있지 않다. 중남미의 과거와 현재가 어떤 씨줄로 연결되어 있는지, 각국이 처한 정세의 배경에는 어떤 날줄이 엮여져 있는지 이해하지 못한 채 단편적인 지식과 정보를 통해 중남미를 들여다보는 수준에 머무르고 있다. 수박 겉핥기와 다름없다.

왜 이렇게 되었을까? 우선 중남미는 지리적으로 우리와 너무 멀리 떨어져 있다. 더욱이 이 지역은 지금까지 한 번도 세계사의 주역으로 자리매김한 적 없이 늘 변방에 머물러 온 곳이다. 그래서 우리와는 교류다운 교류가 없었던 곳이다. 서로 절실한 이해관계가 없고 그다지 중요한 파트너도 아니었으니 관심을 가질 이유가 없었던 셈이다. 정서적으로도 우리와는 맞닿아 있지 않다. 중남미의 다양한 인종 구성이나 그들의 역사, 언어, 종교, 관습, 문화에서 우리와 공감대를 찾아내기는 쉽지 않다.

물론 아득한 옛날 우리 조상들이 베링 해협이나 알류샨 열도를 건너 아메리카 대륙으로 이동하여 곳곳에 터를 잡았고 이들의 후손이 곧 아메리카 원주민들이라고 보는 학자도 있다. 하지만 이같은 주장은 다소 자의적인 추론의 여지가 있어 그대로 받아들이기엔 무리가 있다. 요컨대 중남미는 지리적으로나 정서적으로 우리와는 멀리 떨어져 있어 우리에게 알려지지 않았고 또 제대로 알기도 어려운 곳이었다.

어쨌거나 라틴아메리카가 오랜 시련을 딛고 새롭게 부상하고 있다는 사실에 주목한다면 이제라도 이 지역에 대해 더 많이 연구하고 이해할 필요가 있다. 우선 라틴아메리카는 어떤 곳인지 살펴보기로 하자.

공간적 범위로 볼 때 라틴아메리카는 북미 멕시코에서부터 시작하여 중미 지역을 거쳐 남미 대륙에 이르는 광대한 영역을 아우른다. 여기에는 카리브해 도서국가들도 포함되는데 이들 국가를 합쳐 33개국이 해당된다. 전체 면적은 2,053만km²로 전 세계 육지면적의 약 1/5에 해당하며, 권역 내 인구는 6억 명을 웃돌아 전 세계 인구의 10%를 차지하고 있다. 역내 총 GDP는 7조 달러를 넘나든다.

이 지역이 라틴아메리카로 불리게 된 것은 18세기 무렵부터라고 보고 있다.

스페인, 포르투갈이 선점하고 있던 신대륙에 뒤늦게 발을 들여놓은 프랑스가 라틴 문화의 신대륙 전수를 명분으로 내세우면서, 영국이 선점한 북미 지역을 앵글로아메리카라고 구분하고 나머지 지역을 라틴아메리카라고 부르게 된 것이다. 이 지역을 식민지배했던 종주국 스페인과 포르투갈이 이베리아 반도에 터를 잡고 있었기에 이베로아메리카라고 부르기도 한다. 지정학적 구분이라기보다는 다분히 역사적·문화적·언어적 배경을 기준으로 한 명칭이

카리브해의 도서국가들

1492년 8월 3일 스페인 팔로스항을 출발한 콜럼버스는 천신만고 끝에 그해 10월 12일 육지를 발견한다. 그가 첫발을 내디딘 곳은 오늘날 바하마제도에 속하는 산살바도르섬이라고 알려져 있다. 콜럼버스는 이듬해 3월 포르투갈을 거쳐 스페인으로 귀국하여 이사벨 여왕에게 자신이 발견한 땅을 봉헌한다. 그 후에도 그는 모두 세 차례 더 신대륙을 항해하고 탐험했지만 1506년 죽을 때까지도 자신이 발견한 땅이 신대륙임을 알지 못하고 인도의 서쪽 지방 어느 곳인 줄로만 짐작하였다. 오늘날 카리브해 여러 섬들이 서인도제도라는 이름을 갖게 된 연유이다.

아무튼 카리브해 지역에는 많은 도서국가가 있다. 가장 북쪽에 있고 가장 큰 섬나라가 쿠바이다. 1959년의 카스트로 혁명, 그리고 1962년 케네디 대통령에 의한 쿠바 봉쇄조치로 주목을 받았던 나라이다. 2015년 미국과의 국교 정상화를 계기로 서방국가들이 앞다퉈 쿠바와의 관계 개선에 나서면서 다시 주가가 오르고 있는 중이다.

쿠바 아래에 있는, 카리브해에서 두 번째로 큰 섬이 에스빠뇰라섬이다. 이 섬에는 2개국이 자리잡고 있다. 섬 전체 약 1/3에 해당하는 서쪽은 아이티, 나머지 동쪽 지역은 도미니카공화국이다. 에스빠뇰라섬 서쪽에는 자메이카가 있고, 동남쪽으로는 작은 도서국가들이 연이어 있다. 이 국가들은 세인트키츠네비스(Saint Kitts and Nevis), 안티구아바부다(Antigua and Barbuda), 도미니카연방(Commonwealth of Dominica), 세인트루시아(Saint Lucia), 세인트빈센트그레나딘(Saint Vincent and the Grenadines), 그레나다(Grenada), 바베이도스(Barbados), 트리니다드토바고(Trinidad and Tobago) 등이다. 플로리다 반도 바로 아래에 위치한 바하마(Bahamas)도 보통 카리브해 도서국가로 분류한다.

다. 지리적으로 북미대륙에 속해 있는 멕시코가 라틴아메리카 국가로 분류되고 있는 것은 이 때문이다.

라틴아메리카 국가에서는 대부분 스페인어를 쓰고 브라질만 포르투갈어를 쓴다. 물론 영어 또는 불어를 공용어로 쓰는 나라도 있지만 극히 예외적이다. 예컨대 중미의 벨리즈는 영어를, 카리브해에 위치한 아이티는 불어를, 남미 대륙 동북부에 있는 수리남은 네덜란드어를 공용어로 쓰고 있다.

라틴아메리카에서 유일하게 브라질만 포르투갈의 지배를 받게 된 연유는 이렇다. 콜럼버스는 1493년 3월 1차 탐험에서 돌아와 이사벨 여왕을 알현하고 새로 발견한 땅을 여왕에게 봉헌한다. 이사벨 여왕은 이 사실을 교황 알렉산드르 6세에게 전하고 이 땅을 스페인 영토로 인정해 줄 것을 청원한다. 당시는 교황이 막강한 영향력을 행사하면서 세속 권력까지 지배하고 있던 시기였으므로 교황의 용인을 받아 둠으로써 이 땅에 대한 소유권을 확실히 해 두고자 했던 것이다.

청원을 받은 교황은 이 땅을 스페인령으로 인정하는 한편, 앞으로 또 다른 미지의 땅이 발견될 경우를 대비해 당시 항해 선도국가였던 스페인과 포르투갈 양국의 영토 귀속을 규율하는 칙서를 발표한다. 즉 당시로는 아프리카 대륙으로부터 서쪽으로 가장 멀리 떨어져 있는 섬으로 알고 있던 까보 베르데(Cabo Verde)로부터 서쪽 480km 지점을 기준으로 하여 남북으로 가상의 선을 긋고, 이 선

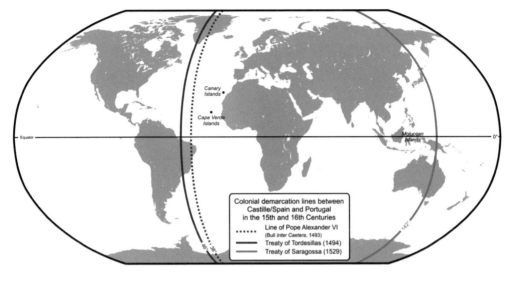

또르데시야스 조약상의 기준선

서쪽에서 새로 발견되는 땅은 스페인령으로, 이 선 동쪽에서 새로 발견되는 땅은 포르투갈령으로 인정한다고 한 것이다.

이에 대해 포르투갈은 교황이 스페인 출신이어서 스페인에 편파적으로 유리한 선을 그었다고 강력히 반발한다. 이에 교황은 한발 뒤로 물러나 1494년 6월 당초의 칙서 내용보다 훨씬 서쪽으로 이동한 서경 46도 37분(까보 베르데 서쪽 2,100km 지점)을 기준선으로 하는 중재안을 제시하였고, 이 중재안을 받아들인 스페인과 포르투갈 양국은 조약을 체결한다. 이른바 또르데시야스 조약(Tratado de Tordesillas)이다.

다소 황당해 보이기도 하는 이 조약은 그러나 그 후 약 1세기

동안 신대륙에 관한 질서를 규율하는 유효한 근거로 작동한다. 실제로 1500년 포르투갈의 선장 카브랄이 아프리카 항로를 따라 인도로 항해하다가 풍랑을 만나 지금의 브라질 동부 해안에 상륙하게 되는데, 카브랄이 상륙한 지점이 또르데시야스 조약에서 정한 기준선보다 동쪽에 위치한 것이 나중에 확인되어 이 땅이 포르투갈 영토로 귀속되었고, 이로부터 포르투갈이 브라질을 식민지배하게 되었다.

2. 찬란했던 과거, 아픈 역사

▶▶▶ 고대 문명의 발자취

이제 본격적으로 라틴아메리카를 탐구해 보자. 먼저 아득한 옛날부터 이 땅에서 싹트고 꽃피었던 문명을 살펴보겠다. 그동안 우리는 알게 모르게 서구인의 시각에서 라틴아메리카를 바라보는 데익숙해져서 그 땅과 거기에 살던 사람들을 폄하하고, 그들이 일구고 지켜왔던 문명에 대해서도 제대로 평가하지 않았다. 1492년 콜럼버스가 이 미지의 땅에 첫발을 디뎠을 때 그의 일행을 맞았던 원주민들이 벌거벗은 미개인으로 묘사되고 있는 것부터가 그렇다. 아예 문명과는 담을 쌓고 살아가는 무리들처럼.

하지만 과연 그러했는가? 이제 라틴아메리카의 찬란했던 고대문명을 찾아 시간을 거슬러 올라가 보자.

라틴아메리카 문명은 크게 메소아메리카 문명과 안데스 문명으로 구분할 수 있다. 메소아메리카 문명은 오늘날의 멕시코를 포함한 중앙아메리카 일대에서 생성, 발전한 문명으로서 마야 문명과 아즈텍 문명이 이에 해당한다(Meso는 그리스어로 중간 또는 중앙의 뜻). 마야 문명은 BC 3000년 무렵 발흥하여 흥망성쇠를 거듭하면서 16세기 초까지 이어졌으며, 그 영역은 오늘날의 과테말라, 온두라스, 엘살바도르와 멕시코의 유카탄 반도 일원을 아우른다. 아즈텍 문명은 떼오띠우아칸 문명과 똘떽 문명에 이어 멕시코 중앙고원 일대에 자리잡았던 문명으로 13~14세기를 전후하여 융성하였다.

한편, 안데스 문명은 남미 대륙의 중서부 지역을 터전으로 삼았던 문명으로서, 이는 다시 태평양 연안을 따라 발전한 해안 문명과 안데스 산악지대에 자리잡았던 고산 문명으로 구분할 수 있다. 해안 문명의 대표주자를 꼽는다면 나스카 문명이요, 고산 문명이라면 두말할 것 없이 잉카 문명이 독보적이다.

이제 이들 각각의 문명을 좀 더 자세히 알아보자. 첫 탐구는 마야 문명으로부터 시작한다. 마야 문명의 기원에 대해서는 논란이 분분하다. 일반적으로는 오늘날까지 남아 전해지는 유적들에 대한 연구를 토대로 대개 BC 150년부터 발흥하여 도시국가 연합 형태로 1521년까지 유지되었다고 보고 있다.

하지만 언어학자들은 마야 여러 부족들이 사용한 언어가 31종에 이르며 최초의 마야어는 지금으로부터 약 4천년 전에 생성되었다고 추정한다. 마야 문명의 기원을 훨씬 이전으로 잡아야 한다는 뜻이다. 언어가 있어야 문명이 전승될 수 있다고 본다면 이 주장이

세계의 불가사의, 나스카 지상화

나스카 문명은 BC 100년~AD 800년 사이에 페루 남부 나스카 계곡과 평원지역에서 발달했던 문명이다. 장대한 신전과 광장, 피라미드 등 공공 건축물을 만들었고 관개용 수로를 활용할 줄 알았다. 또한 아름답고 촘촘한 직물(textiles)과 정교한 공예품, 토기를 사용했다. 그러나 무엇보다도 나스카 문명의 압권은 사막 위에 그려진 거대한 지상화이다.

건조한 나스카 평원 일대에 벌새, 고래, 원숭이, 거미, 나무, 개, 펠리컨과 우주인 형상 등 거대한 그림이 30개 이상 그려져 있고, 직선과 삼각형, 사다리꼴, 소용돌이 등 기묘한 기하학 도형도 200개 이상 펼쳐져 있다. 그림 크기도 100~300m에 이르는 등 엄청나서 지상에서는 제대로 식별이 되지 않고 하늘에서 내려다보아야 모양을 가늠할 수 있을 정도이다. 1,000km^{2}에 달하는 광대한 지역에 그림들이 산재되어 있다는 사실도 놀랍다. 과연 누가 어떤 목적으로 이런 거대한 지상화를 그려 남겼는지 아직까지 규명되지 않고 있는, 세계적인 불가사의이다.

나스카 지상화

더 설득력이 있어 보인다.

마야의 역사는 보통 세 시기로 분류한다. 학계에서 고전기 혹은 전성기라 부르는 시대를 기준으로 앞뒤로 한 단계씩 덧붙이는 구분이다. 전성기 이전 시대는 대략 BC 3000년부터 AD 250년까지로, 과테말라의 태평양 연안 고산지대를 중심으로 발달한 시기다. 지금의 멕시코 치아빠스 주와 엘살바도르 지역도 이에 포함된다. 전성기는 대략 AD 250년부터 900년까지로 보는데, 이 시기의 문명을 '구(舊) 마야'라고 부르기도 한다. 마야 문명의 정수인 건축, 회화, 조각, 도자기, 천문학, 수학 등이 만개한 시기이다. 이 기간에 70여 개의 도시가 형성되었고 도시들은 교역을 통해 활발하게 교류하였다. 과테말라의 띠깔과 깐꾸엔, 멕시코의 체첸이트사와 빨렝께, 온두라스의 꼬빤 등이 여기에 해당한다. 마야는 여러 도시국가 간 연맹 성격의 공동체였으므로 강력한 제국으로 성장하지는 못했다.

더욱이 10세기에 들어서면서 마야인은 도시에서 사라지고 도시는 정글 속에서 폐허로 변해 갔다. 마야인이 왜 갑자기 사라졌는지, 그 원인은 아직 정확히 규명되지 않고 있다. 전염병의 창궐, 내부 분열로 인한 붕괴, 외적 침입 등 여러 가설이 있으나, 장기간 계속된 가뭄으로 인한 물 부족이 직접적인 원인이었다고 보는 견해가 가장 유력하다. 구 마야가 붕괴되고서 약 50년의 기간이 흐른 뒤에 새로운 마야 도시들이 유카탄 반도 일원에서 생겨나는데 이들을 이전 시기와 구별하여 '신(新) 마야'라 부른다.

마야의 수학과 천문학

마야는 자연과 관련된 여러 신들을 섬긴 다신숭배의 사회였다. 태양의 신, 달의 신, 물의 신, 땅의 신, 옥수수의 신 등이 대표적이다.

인신공양의 풍습도 있었지만 아즈텍 제국에서처럼 빈번히 행해지지는 않았다. 마야인들은 고도로 발달한 상형문자를 쓰고 있었고 20진법을 기본으로 하는 수체계를 갖고 있었으며, 0의 개념도 인식하고 있었다. 그들은 이같은 수학 재능을 바탕으로 1년을 정확하게 계산한 역법과 달력을 사용했다. 특히 1년의 길이를 365.2420일로, 달의 운행 주기는 29.5320일로, 실제와 거의 오차 없이 계산해 냈다는 점은 경이롭기까지 하다.

마야 달력

▲ 띠깔 ▼ 체첸이트사

▲ 꼬빤　▼ 빨렝께(ⓒ 주니짱)

이 신 마야가 태동, 발전한 시기가 곧 마야 후기이다. AD 900년부터 스페인에게 정복당한 1541년까지의 기간이다. 신 마야는 구마야에 비해 규모도 작고 발달수준도 떨어졌던 것으로 평가된다. 더 이상 도시 간의 활발한 교역도 없었고, 상업이나 무역보다는 밀림을 태우고 그 자리에 경작을 하는 화전농업에 의존하였다. 지역적으로는 아즈텍의 영향권 내에 있었지만 그럼에도 자신들의 독자적인 문화와 정체성을 잃지는 않았던 것으로 보인다.

이제 아즈텍 문명으로 넘어가자. 일반적으로 아즈텍 문명은 13세기 북쪽에서 이동해 온 수렵민족인 아즈텍족이 텍스코코 호수의 작은 섬에 떼노치띠뜰란이라는 도시를 건설한 때로부터 기원한다고 보고 있다. 하지만 그 문명의 뿌리는 훨씬 거슬러 올라가 8세기에서 12세기까지 멕시코 중부고원 일대에서 꽃피었던 똘떽 문명으로 이어진다. 여러 부족으로 구성되어 있던 똘떽족은 각 부족마다 독특한 제례의식을 행했다. 이들은 많은 신을 섬겼지만 가장 높은 신은 케찰코아틀(Quetzalcoatl)이다. 이 신은 후에 아즈텍 제국의 신앙으로 자리잡는다.

똘떽족은 태양이 인간의 피와 심장으로 유지되지 않으면 세상은 멸망한다고 믿었다. 그리하여 이들은 다른 종족과 전쟁을 벌이고 포로를 잡아 그들의 피와 심장을 태양에게 바치는 의식을 치렀다. 이러한 믿음과 풍습은 고스란히 아즈텍족의 인신공양 의식으로 이어진다.

떼노치띠뜰란(상상도)

아즈텍은 그 이전의 문명들과 확연히 구별되는 대제국이었다. 마야가 전성기에 70여 개의 도시들이 저마다 특성을 유지하며 하나의 도시연합으로 성장했다면, 아즈텍은 강력한 군사력을 바탕으로 한 정복사업을 통해 하나의 공동체를 만들었다는 점에서 큰 차이가 있다. 아즈텍은 상대적으로 짧은 시간 동안 급격하게 발전했고 전성기 또한 그리 길지 않았다. 1325년 떼노치띠뜰란을 건설하여 기반을 마련한 아즈텍은 점차 주변국들을 장악하고 성장하여 불과 1세기 만에 멕시코 중부와 남부 일대를 아우르는 강력한 세력으로 부상하였다.

아즈텍의 역사는 떼노치띠뜰란을 건설하고 주변국을 복속시키며 성장해 간 1325년부터 1427년까지, 그리고 제국의 형태를 갖춘 1428년부터 스페인 정복자들에게 멸망당한 1521년까지의 두 시기로 나누어 볼 수 있다. 전성기의 아즈텍 제국은 현재 멕시코만 연안지역에서 과테말라 서부 고원지대까지, 유카탄 반도를 제외한

▲ 아즈텍 인신공양
▼ 에르난 꼬르떼스

거의 모든 메소아메리카 지역으로 세력권을 넓혀 나갔다. 마야 역시 아즈텍의 영향권 아래에 있었던 것으로 보인다. 1519년 스페인 정복자들이 침입할 당시 떼노치띠뜰란의 인구는 약 20만 명에 달했다고 하니, 당시 세계적으로도 최대 규모의 도시 중 하나였다.

아즈텍은 거칠고 남성적인 사회였다. 모든 남성은 의무적으로 군사교육을 받아야 했다. 활쏘기와 창던지기는 기본이었다. 아즈텍인들은 팔과 손목의 탄력과 원심력을 이용하여 빠르고 강하게 창을 던질 수 있었다. 아즈텍인들의 일상생활과 관련하여 주목할 점은, 거의 매일 목욕을 했고 오늘날의 사우나와 비슷하게 증기를 이용하여 찜질을 했다고 한다. 그만큼 위생관념이나 삶의 수준이 높았던 것이다.

한편, 똘떽 문화의 영향을 받아 인간의 피와 심장을 태양에게 바치는 인신공양이 지속적으로 행해졌다. 인신공양은 절대적 권력과 공포의 상징으로 대제국을 유지시킨 원동력이었다. 그러나 밝은 빛이 있으면 어두운 그늘도 있기 마련이다. 제국은 피로 성장했지만 결코 오래 가지 못하고 그 피로 인해 멸망의 길을 걷게 된다. 500여 명에 불과했던 스페인 정복자들이 대제국 아즈텍을 굴복시킬 수 있었던 것도 아즈텍에 복속되어 있던 다른 원주민 공동체의 저항운동에 힘입은 바가 크다.

정복자 에르난 꼬르떼스(Hernán Cortés)는 1519년 유카탄 반도에 상륙하여 떼노치띠뜰란으로 향하면서 크고 작은 전투를 치러 자신

멕시코 국가 문장의 유래

아즈텍인들은 왜 하필이면 호수 위의 작은 섬을 택해 도시를 건설했을까? 자신들의 수호신인 우이칠로포크틀리로부터 계시를 받았기 때문이다. 원래 멕시코 북부지방에 살았던 아즈텍족은 수호신의 인도를 받으며 멕시코 중부고원으로 남하했다. 신은 "선인장 위에서 독수리가 뱀을 먹고 있는 곳에 정착하라"고 일렀는데, 아즈텍족은 텍스코코라 불리는 한 호숫가의 작은 섬에서 이 신탁과 일치하는 장소를 발견했다. 이곳은 오늘날의 멕시코시티, 더 정확하게는 소깔로(Zócalo) 광장이다.

아즈텍족은 여기에 떼노치띠뜰란을 건설했다. 이 도시는 호수 위의 늪지와 두 개의 섬을 연결하여 조성하였으므로 근본적으로 침수의 위험을 안고 있었다. 아즈텍인들은 지반을 다지기 위해 수많은 말뚝을 호수에 박았다. 한편 도시가 커지고 인구가 늘면서 도시 주변에 새로운 경작지를 개발했는데, 이것이 아즈텍 특유의 수경 농경지 '치남빠스'이다.

늪지대에 방조제를 쌓은 후 그 안에 갈대를 겹겹이 쌓아올리고 호수 밑의 진흙으로 겹쳐진 갈대 사이를 채웠다. 이곳에서 옥수수와 콩 등을 재배했다. 아무튼 오늘의 멕시코시티는 아즈텍인들이 받은 신탁의 땅 위에 건설된 도시이기에 그만큼 상징적 의미가 크다. 이 기원 설화의 바탕이 된, 선인장 위에서 독수리가 뱀을 물고 있는 형상은 멕시코의 국가 문장으로 남아 있다.

▲ 소깔로 광장　▼ 멕시코 국가 문장

의 위력을 보여 주었다. 이윽고 꼬르떼스가 떼노치띠뜰란을 공격할 것이라는 소문이 돌자 그동안 아즈텍의 위세에 짓눌려 있던 변방 원주민 부족들이 모여들어 꼬르떼스를 지원하고 나선 것이다. 아즈텍은 사력을 다해 저항했으나 가공할 무기를 갖춘 정복자와 이들을 도운 원주민 연합세력을 이겨내기엔 힘이 부쳤다. 설상가상으로 제국 전역에 예전에 보지 못했던 천연두까지 휩쓸고 지나가 희생자가 속출하면서 허망하게 무너지고 말았다. 1521년 8월의 일이다.

이제 더 내려가 안데스 지역에 웅거했던 잉카 문명을 살펴보자. 잉카는 12세기경 지금의 페루와 볼리비아 사이에 있는 티티카카(Titicaca) 호수에서 기원했다. 이 문명은 그 이전 수세기 동안 페루 지역을 중심으로 발달했던 차빈, 모체, 나스카, 띠아우아나코 문명들을 정복해서 정치, 경제, 문화, 종교적인 통일을 이루었다.

전성기 때의 잉카는 수도인 꾸스꼬의 인구가 약 20만 명, 제국 전체의 인구는 2천만 명에 달했으며, 강역은 오늘날의 콜롬비아에서 칠레의 마울레(Maule) 강까지, 그리고 태평양 연안에서 안데스 전역에 걸쳐 있었다. 잉카는 강력한 법치를 기초로 한 중앙집권국가였고 정교한 도로망과 수로망을 가진 제국이었다.

잉카인은 다른 부족을 점령하면 통치구조를 잉카식으로 고치고, 복속된 이들에게는 잉카의 태양신을 최고신으로 모시게 했다. 또한 잉카 언어인 케추아어를 가르쳤다. 그 영향으로 오늘날까지

▲ 티티카카 호수　▼ 꾸스꼬 광장과 대성당

페루 전역, 에콰도르와 볼리비아 일대, 아르헨티나와 칠레 북부 등 광범위한 지역에서 케추아어가 통용되고 있다.

잉카는 전성기 때의 강역이 태평양 해안지역에서부터 안데스 산악지역, 그리고 아마존 열대우림지역까지 아우르는 광대한 제국이었다. 이 넓은 영토를 효과적으로 지배하기 위해 잉카 제국은 전국을 촘촘한 도로망으로 연결했다.

이 도로망은 총 연장이 약 9,200km에 달했고, 폭은 산악지역은 1~6m로 지형에 따라 불규칙했지만 해안과 평지에서는 약 7m로 비교적 넓고 일정했다. 훗날 스페인인들은 이 길을 까미노 레알(Camino Real, 王道)이라고 명명했다. 바퀴를 모르고 수레를 쓸 줄 몰랐던 잉카인들이 이렇게 짜임새 있는 도로를 건설하고 운영했던 것은 교역과 물자 수송뿐만 아니라 병력을 이동시키고 정보를 신속히 전달하기 위한 군사적 목적이 더 컸던 것으로 보인다. 이 점에서 옛 로마의 가도(街道)와 흡사하다. 이 도로망을 이용한 연락제도로는 땀보와 차스키가 있었다.

땀보는 약 20~30km마다 세웠던 역(驛)이며, 차스키는 메시지나 물자를 전달하는 젊은 연락관들을 말한다. 몽골이 광대한 제국을 효과적으로 통치하기 위해 설치운용했던 역참(驛站)제도와 아주 유사하다. 다만 잉카 제국에는 말이 없었기 때문에 차스키들은 오로지 발로 뛰어서 임무를 수행했고, 각 차스키의 연락 구간도 1.2km 정도로 짧았다. 차스키는 어릴 때부터 강한 훈련을 받으며 양성되

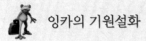 잉카의 기원설화

잉카의 기원설화는 여러 갈래가 있는데 그 중 가장 널리 알려진 것이 '태양신과 금막대기' 설화이다. 아주 오래전 인간들은 짐승과 다름없는 생활을 하고 있었다. 이를 가엾게 여긴 태양신 인티(Inti)는 자신의 아들인 망코 카팍과 딸 마마 오크요를 지상으로 내려보내 인간들을 교화시키고 신을 경배하게 만들기로 했다.

태양신은 이들에게 금막대기를 주면서 "너희는 가고 싶은 곳으로 가되, 가는 곳마다 이 금막대기를 땅에 던져라. 이 금막대기가 땅속으로 사라지는 곳에 나라를 세워라. 그리고 자비로운 아버지가 사랑하는 자식을 대하듯 세상의 인간들을 대하여라. 이제 그들은 더 이상 짐승처럼 살지 않을 것이다"라고 말했다.

태양신의 아들과 딸은 세상으로 내려와 가는 곳마다 금막대기를 땅에 던졌는데 어느 날 금막대기가 땅속으로 사라져 버렸다. 바로 꾸스꼬의 한 골짜기에서였다. 태양신의 아들과 딸이 나타났다는 소문이 퍼지자 많은 사람들이 몰려들었다. 이 둘은 사람들에게 농사짓는 법과 집 짓는 법을 가르쳐 주고 꾸스꼬를 건설했다.

요컨대 하늘에서 신의 자손이 내려와 널리 세상을 이롭게 한 것이다. 아득한 세상의 저편 잉카의 기원설화가 우리 건국신화의 바탕인 홍익인간 정신과 상통하고 있으니 흥미롭지 않은가.

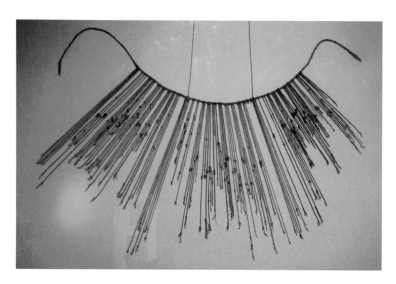

▲ 키푸스
▼ 차스키

었고, 정보를 잘못 전달하거나 누설할 경우 혹독한 처벌을 받았다.

차스키는 메시지를 전달할 때 키푸스(Quipus)를 사용했다. 키푸스는 다양한 굵기와 색깔을 가진 끈에 여러 종류의 매듭을 묶어 여기에 각각 의미를 부여하여 정보를 기록하는 결승문자(結繩文字)를 말한다.

잉카인들은 여러 면에서 뛰어난 지식과 기술 수준을 보여 주었다. 그중에서도 건축술은 가히 경이적이다. 그들은 수십, 수백 톤에 달하는 거대한 바위를 종이 한 장도 들어가지 않을 정도로 정교하게 다듬고 쌓을 수 있었다. 철제 도구를 사용하지도 않고 수레도 없이 순전히 사람의 힘과 감각에 의존하여 모든 것을 만들어 냈으니 놀라지 않을 수 없다.

불가사의한 공중도시 마추픽추(Machu Picchu)와 거대한 삭사이와망(Saksay waman) 요새는 물론이고 꾸스꼬의 골목골목에서도 잉카인의 석조 건축은 오늘날까지도 찬연히 빛을 발하고 있다. 잉카인은 직조기술도 빼어났다. 이들은 주위에서 쉽게 구할 수 있는 재료를 이용해 옷을 만들어 입었는데, 산악지방 사람들은 동물의 털로, 해안이나 저지대 사람들은 목화를 재배해서 솜으로 옷을 짜 입었다. 이에 비해 먹거리 문화는 별로 내세울 게 없다.

제국을 이끌어 간 대다수 잉카인들이 해발 3,000m에 달하는 고지대에서 살았는데, 그 높이에서 구할 수 있는 식재료가 많지 않았기에 요리문화가 발달할 여지가 없었을 것이다. 그들의 주식은

▲ 마추픽추 ▼ 삭사이와망

옥수수와 감자, 그리고 끼누아(좁쌀의 일종) 정도였다.

　이렇듯 고도의 문명을 구가하며 번성했던 대제국 잉카도 아즈텍과 마찬가지로 스페인 정복자들에 의해 허망하게 멸망하고 말았다. 1532년 프란시스꼬 피사로가 이끄는 무리(63명의 기병과 200명의 보병)가 나타났을 때 잉카인들은 호의를 갖고 그들을 맞아 주었지만 돌아온 것은 참혹한 배신뿐이었다.

　피사로는 기습공격으로 황제 아따우알빠를 사로잡고 광장에 운집한 수많은 잉카인들을 학살했다. 포로가 된 황제는 피사로에게 자신을 풀어 주면 그 대가로 커다란 방을 황금으로 가득 채워 주겠다고 약속했다. 그러나 덧없는 기대였을 뿐이다. 피사로는 황제를 풀어 주기는커녕 화형에 처하고 만다. 화형은 잉카인에게 가장 잔인한 형벌이었다.

　잉카인은 사람이 죽으면 시간이 흐른 뒤에 다시 살아 돌아온다고 믿었고, 그래서 영혼이 돌아와 살 수 있도록 시신을 미라로 만들어 보존하는 풍습을 갖고 있었다. 그러니 육체가 타서 없어지는 화형은 그들에게는 견딜 수 없는 모멸이고 공포였다. 황제를 잃은 잉카는 속절없이 무너져내렸다. 1533년의 일이다.

▲ 프란시스꼬 피사로와
　아따우알빠 황제의
　첫 회동장면(상상도)

▼ 프란시스꼬 피사로

▶▶▶ 서구 문명과의 만남, 비운의 시작

찬란한 고대 문명을 일구며 번성했던 라틴아메리카 지역이 오늘날 왜 이렇게 낙후된 채 세계사의 변방에 머물러 있는 신세가 되었을까? 시간을 거슬러 다시 그들이 처음 서구 문명과 만났던 때로 돌아가보자.

[장면 1] 1492년 10월 12일, 여느 날과 다름없이 평온한 하루가 시작되었다. 원주민들은 일찌감치 일손을 놓고 삼삼오오 해변에 모여 느긋한 오후를 보내고 있었다. 그런데 문득 아득히 수평선 너머로 뭔가 이상한 물체가 어른거리더니 점점 커지면서 다가오는 것이었다. 이제껏 본 적 없는 커다란 배였다. 원주민들은 두려움과 호기심이 뒤섞인 야릇한 심정으로 해변으로 모여들었다.

이윽고 커다란 배에서 또 다른 작은 배가 내려지더니 여남은 명의 사람들이 타고 노를 저어 다가왔다. 다들 체구가 크고 피부색은 하얀데 수염이 덥수룩했다. 머리엔 이상한 투구를 쓰고 있고 창과 칼을 가졌다. 무슨 말인가 하긴 하는데 알아들을 수가 없다. 어쨌거나 그다지 악의가 있어 보이진 않았다.

그들이 먼저 빨간 헝겊조각 같은 것을 건네면서 머리에 씌워 준다. 반짝이는 유리구슬도 목에 걸어 준다. 신기한 물건이다. 원주민들도 조심스럽게 다가가 진귀한 실뭉치와 앵무새를 선물로 건넸다. 배에서 내린 이방인 중 몇몇은 모래톱 한켠으로 몰려가 십자 모양으

콜럼버스 상륙, 원주민과의 첫 만남

로 된 커다란 나무토막을 끙끙거리며 땅에 박고 있었다. 서방세계와 신대륙의 만남은 이렇게 시작되었다. 첫 만남의 분위기는 결코 나쁘지 않았다. 그 이후가 문제였다.

　[장면 2] 1986년 개봉된 영화 '미션'. 롤랑 조페가 메가폰을 잡고 로버트 드 니로와 제레미 아이언스가 주연을 맡았다. 1750년대 예수회 선교사들이 과라니 원주민들을 교화시켜 가는 과정을 그리고 있지만, 동시에 이구아수 폭포 일대에서 평온하게 살아가던 과라니족들의 삶터가 무참하게 파괴되고 그들이 얼마나 어이없이 희생되었는지를 생생하게 보여 준다. 포르투갈 식민지배 당국의 탄압에 맞섰

던 과라니족과 예수회 신부들이 속절없이 죽어간 후, 이 지역에 파견되었던 주교는 교황청에 이런 보고를 올린다.

– 표면적으로는 신부 몇몇과 과라니족의 멸종으로 끝났습니다만, 죽은 것은 저 자신이고 저들은 영원히 살아남을 것입니다. 사람들의 마음속에서 말입니다.

무엇보다도 엔딩 신에서의 마지막 내레이션이 과라니족, 나아가 라틴아메리카 곳곳에서 터잡고 살아가던 원주민들의 가슴속 통한을 절절하게 말해 주고 있다.

– (식민지배자건 예수회 신부들이건) 그 누구도 이 땅에 오지 않았더라면….

영화 '미션'의 한 장면

이 두 장면은 매우 함축적이다. 15세기 말 이래 라틴아메리카에서 전개된 역사는 다시없는 비운의 역사였고, 라틴아메리카 원주민들이 겪어내야 했던 세월은 질곡의 시간이었다.

▶▶▶ 인류 역사상 최대의 인종 학살

콜럼버스는 1493년 3월 첫 항해에서 돌아와 이사벨 여왕을 알현할 때 진귀한 보석과 함께 데리고 온 원주민(인디오) 6명을 여왕에게 바쳤다. 그의 눈에 비친 원주민은 사람이 아니라 단지 말을 할 줄 아는 짐승에 불과했다. 그의 뒤를 이어 신대륙으로 건너간 정복자들도 마찬가지였다.

그들은 원주민을 나란히 세워 놓고 자기들끼리 누가 단칼에 사람을 두동강낼 수 있는지, 누가 짧은 시간에 원주민들의 손목을 더 많이 절단할 수 있는지 내기를 했다. 또 맹수의 우리에 원주민을 던져넣고 맹수들에게 뜯어먹히는 광경을 구경하면서 히히덕거렸다. 올가미를 만들어 원주민을 매달고서 그들의 발밑에 불을 피워 산 채로 태워 죽이기도 했다. 카리브해를 오가는 배는 나침반 없이 바다에 떠 있는 인디언의 시체만 따라가도 항해할 수 있다는 말이 나돌 정도였다.

도미니크회 성직자로서 최초로 신대륙에 건너간 바르똘로메 데 라스까사스(Bartolome de Las Casas) 신부는 1567년에《인디언 파괴에 관한 간결한 보고》라는 책을 펴내, 스페인 정복자들이 아메리카 원주민에게 저지른 수많은 잔혹행위에 대해 생생히 증언했다. 또 다른 성직자 안또니오 데 몬떼시노스(Antonio de Montesinos)도 "도대체 무슨 권리로 자기 땅에서 평화롭게 사는 원주민들에게 그토록 천인공노할 짓을 자행하는 것인가? 그들은 인간이 아니란 말인가?"라고 절규하며 정복자들의 잔인한 행위를 고발했다.

콜럼버스가 신대륙에 도착한 15세기 말 아메리카 대륙에는 약 8,000만 명의 원주민이 살고 있었던 것으로 추정한다. 그런데 반세기가 지난 16세기 중반 원주민 인구는 약 1,000만 명으로 줄고, 다시 반세기가 지난 1600년경에는 800만 명으로 줄어들었다. 지역에 따라서는 거의 절멸되다시피 하기도 했다. 예컨대 1492년 카리브 해 지역의 원주민은 약 20만 명이었는데 불과 20년 뒤 그 수는 14,000명으로 줄어들었다.

멕시코 중앙고원 지역의 경우 1500년대 초에는 약 2,500만 명의 원주민이 살았던 것으로 추정하는데, 1500년대 말에는 135만 명만이 살아남았다. 비록 추정치이긴 하지만 스페인 정복자들이 신대륙에 도착한 이래 얼마나 많은 원주민들이 무고하게 희생되었는지 짐작할 수 있다.

불과 100년 만에 전체 인구의 90%가 희생되었고 그 숫자가 무려 7,000만 명에 이르렀다는 점에서 인류 역사상 최대의 인종학살이 자행되었다고 해도 과언이 아니다. 물론 이렇게 원주민 수가 급감

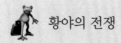 황야의 전쟁

원주민 학살은 스페인 식민지배가 끝난 이후에도 자행되었다. 대표적인 사례가 1870년~1884년 기간 중 아르헨티나군이 치른 이른바 황야의 전쟁(War of Desert)이다. 서부 영화의 제목이 아니다.

훌리오 로까(Alejo Julio Argentino Roca) 장군이 이끄는 아르헨티나군이 팜파스와 파타고니아 지역을 정복하여 토착 원주민을 말살하고 토지를 모두 몰수했다. 당시 이 일대에 터잡고 있던 원주민은 거의 원시생활과 다름없는 생활을 하고 있었다. 아르헨티나군의 압도적 화력 앞에 그들의 저항은 무력했다. 전쟁이 아니라 초토화 작전이었다.

원래 리오 데 라플라타 지역에는 원주민이 그다지 많이 살고 있지 않았던 데다가 이 전쟁으로 인해 거의 전멸되고 말았다. 극소수 생존자들은 파타고니아 땅끝으로 쫓겨나고, 광활한 팜파스는 유럽계 백인들의 차지가 되었다. 오늘날 아르헨티나와 우루과이가 백인(계) 국가가 된 연유이기도 하다.

하게 된 것이 전적으로 정복자들의 만행 때문만은 아니다. 혹은 정복자들과 벌인 싸움터에서, 혹은 가혹한 착취와 중노동으로 인해 목숨을 잃었다. 거기에 더하여 정복자들에게 묻어 들어온 병원균이 치명적이었다.

이들 생소한 병원균에 대한 면역력이 전혀 없었던 원주민은 천연두, 홍역, 발진티푸스, 말라리아 등의 질병에 걸려 무수히 죽어 나갔다. 원인이 어디에 있건 원주민이 정복자들로 인해 겪어야 했던 희생은 참혹한 것이었다.

라틴아메리카 원주민에 대해 좀 더 알아보기로 하자. 이곳 원주민의 기원에 관해서는 여러 가지 견해가 있다. 그중 몽골계통의 아시아인들이 이주해 와서 곳곳에 뿌리를 내렸다고 보는 설이 유력하다. 약 2만년 전, 아시아와 아메리카 대륙이 육지로 연결되어 있었을 때 아시아인들이 베링 지협을 건너서 지금의 캐나다와 미국 서부에 정착하고 일부는 멕시코를 거쳐 남미 대륙에까지 진출했을 것으로 보는 것이다.

아무튼 BC 7000년경부터 고지대에 집단 주거지를 형성하여 살았던 흔적이 남아 있고, BC 600년경부터는 부족사회의 모습이 나타난다. 수없이 많은 원주민 종족이 있었지만 거주지역과 사용언어를 중심으로 분류해 보면 5대 종족이 두드러진다.

= 카리브족(Carib)

카리브족은 아라우아꼬(arahuaco)족으로도 불리며 콜럼버스가 신대륙에 왔을 때 최초로 본 종족이다. 이들은 원래 아마존강 유역에 흩어져 살다가 점차 기아나, 베네수엘라, 안띠야스 제도(las antillas)를 거쳐 카리브해 섬들로 이주해 온 것으로 보인다. 정복자들이 들어온 후로 전쟁과 질병으로 인해 대부분 희생되고 현재는 쿠바, 자메이카, 도미니카공화국에 극소수가 살고 있다. 이들은 해양민족으로서 커다란 카누를 타고 멀리 바다 건너까지 가서 전쟁을 벌이기도 했다. 특히 대륙에서 섬으로 이주해 온 카리브족은 호전적이어서 식인을 했다고 한다.

= 아이마라족(Aymara)

케추아족과 함께 안데스 산악지역을 근거지로 했던 대표적인 원주민 종족이다. 이들은 고랭지농업으로 감자, 보리 등을 경작하고, 말, 알파카, 양, 돼지, 소 등을 사육한다. 지금도 티티카카 호수 주변 페루와 볼리비아 접경지역에 약 200만 명이 살고 있다. 국적은 다르지만 유사한 풍습과 문화를 유지하고 있다. 이들은 잉카의 공용어였던 케추아어와 동일한 계통인 아이마라어를 사용한다. 2005년 대통령에 당선되어 장기 집권하고 있는 에보 모랄레스 볼리비아 대통령이 아이마라족이다.

= 과라니족(Guaraní)

과라니족은 브라질, 볼리비아, 파라과이, 아르헨티나에 걸쳐 살았다. 그들은 원래 열대삼림에 살던 전형적인 인디언이다. 풀을 엮어서 만든 집에 살며 남자는 사냥과 낚시를 하고 여자는 화전을 일구어 옥수수, 카사바, 고구마를 경작했기 때문에 5~6년마다 옮겨 다니며 살아야 했다. 과라니족 역시 호전적이어서 포로를 잡으면 신에게 제물로 바치고 잡아먹기도 했다. 스페인 사람들은 금과 은을 찾아다니면서 과라니족을 처음 접했으며, 영화 '미션'은 당시 이구아수 폭포 일대에 살고 있던 과라니족의 삶을 잘 보여 주고 있다.

= 아라우깐족(Araucano)

아라우깐족은 칠레 중앙부와 아르헨티나 일부 지역에 거주한 원주민으로 피쿤체, 우일리체, 마푸체 등 세 부족으로 구성되어 있다. 화전 농법으로 감자와 옥수수, 땅콩 등을 재배하고 개, 라마, 돼지 등을 키웠다. 금, 은, 동의 세공기술이 발달했으며, 여자들은 토기를 만들고 라마의 털로 직물을 짰다. 부자(父子) 중심의 일부다처제 사회였다.

= 마푸체족(Mapuche)

마푸체족은 칠레 중부 지방에 살았으며, 아라우깐어를 쓰는 원주민 가운데 규모가 가장 큰 부족이다. 마을을 이루어 농경생활을 했고, 마을마다 족장이 있었다. 옥수수, 토마토, 호박, 콩, 후추 등과 같은 작물을 재배했으며, 짐 운반을 위해 라마를 키웠고 라마의 털로 천을 짰다. 그래서 라마를 얼마나 많이 갖고 있느냐가 부(富)의 기준이 되었다. 마푸체족은 식민지배 기간 내내 스페인 통치에 저항하며 싸운 것으로 유명하다. 스페인으로부터 독립한 이후 칠레 정부는 마푸체족을 보호구역으로 이주시키기 시작했다. 현재 보호구역에 살고 있는 마푸체족의 수는 25만~30만 명 정도로 추산된다.

현재 라틴아메리카에 살고 있는 원주민은 약 4천만 명으로 이

지역 전체 인구의 8.3% 정도로 추정된다. 절대 인구로는 멕시코가 1,700만 명으로 가장 많고, 다음이 페루로 약 700만 명에 이른다. 총 인구 대비 원주민의 비율이 가장 높은 나라는 볼리비아로 전체 인구의 약 60%에 달하며, 다음으로 과테말라가 41%, 페루는 약 24%를 차지하고 있다. 원주민 비율이 가장 낮은 나라는 아르헨티나로 전체 인구의 1%에 미치지 못한다.

원주민은 크게 두 그룹으로 나눌 수 있다. 첫 번째 그룹은 원주민 인구의 대다수를 차지하는 고산지대 원주민들로 마야, 아즈텍, 잉카의 후손들이다. 두 번째 그룹은 저지대에 삶터를 갖고 있으며, 주로 아마존 열대우림 혹은 중미 지역에 거주한다. 원주민들은 5세기 전과 큰 차이가 없이 농업에 종사하면서 전통적인 생활방식을 고수하고 있으며 대부분 절대 빈곤에 시달리고 있다.

3. 스페인·포르투갈의 식민지배 300년

▶▶▶ 정복자들

스페인인들은 신대륙에 첫발을 디뎠던 서인도제도와 멕시코, 페루를 근거로 하여 사방팔방으로 정복사업을 벌여 나갔다. 1513년 푸에르토리코 총독 폰세 데 레온은 서쪽으로 나아가 아열대 땅을 발견하고 그곳을 플로리다(La Florida)로 명명했다. 1520년대에 까베사 데 바까 일행은 플로리다를 거쳐 광대한 텍사스 평원을 탐험하고 멕시코로 돌아왔다. 1536년 곤살로 히메네스 데 께사다는 탐험대를 이끌고 콜롬비아 내륙을 거슬러 올라가 장차 누에바 그라나다(Nueva Granada)의 수도가 될 산타페 데 보고타(Santa Fé de Bogotá)를 건설했다.

같은 해에 뻬드로 데 멘도사는 배편으로 라플라타 강 어귀에 도착하여 부에노스아이레스(Buenos Aires)를 건설했다. 1539년 뻬드로 데 발디비아는 페루를 출발하여 오늘날의 칠레 북부 아따까마 사막을 건너 비옥한 계곡지대를 발견하고 그곳에 산티아고(Santiago)를 건설했다.

이 정복자들은 대부분 하찮은 출신들이었다. 팔자를 고쳐 보려는 평민, 평생을 싸움터에서 보낸 직업군인, 몰락한 시골 귀족들이 뒤섞여 있었다. 특히 가난한 안달루시아나 에스트레마두라 지방 사람들이 많았다. 세르반테스가 당시의 신대륙을 "에스빠냐에서 절망한 이들의 피난처이자 모반자들의 성역, 살인을 저지르고도 처벌받지 않는 곳"으로 묘사했을 정도였으니, 초기에 어떤 이들이 신대륙으로 건너갔는지 짐작하기 어렵지 않다.

그들은 거칠고 잔인했다. 정복의 과실을 두고서 자기들끼리 서로 다투고 반목하기도 했지만 원주민들에게는 훨씬 더 잔혹했다. 물론 정복자들이 다 그랬던 것은 아니지만 대체로 파괴자 또는 학살자로 불려도 이상할 것이 없었다. 그들은 애초부터 노블리스 오블리제(Noblesse Oblige)와는 거리가 먼 사람들이었다.

▶▶▶ 엘도라도는 어디에?

아즈텍 제국을 정복한 에르난 꼬르떼스는 스페인 에스트레마두라(Extremadura) 지방 몰락한 시골 귀족의 후예였다. 잉카 제국을 정복한 프란시스꼬 피사로 역시 에스트레마두라 출신으로 하급 군인의 사생아였다. 에스트레마두라는 스페인 중서부에 위치하며, 농업과 목축업 외에는 변변한 산업이 없는, 예나 지금이나 스페인에서 가장 낙후된 지방이다.

출신 지역이나 배경으로 보아 출셋길이 막막했던 꼬르떼스나 피사로는 새로운 기회를 찾아 신대륙으로 눈을 돌렸고, 그 모험은 기대 이상의 성과를 거두어 그들에게 권력과 부를 안겨 주었다. 그들의 성공에 고무된 많은 정복자들이 앞다투어 신대륙으로 건너갔다. 그들은 원주민들에게서 전해들은, 순금으로 길이 포장되어 있고 온몸에 금가루를 바른 사람들이 산다는 전설 속 황금의 도시 엘도라도를 찾아 나섰다. 신대륙을 개척하면서 스페인 왕실은 미개한 원주민들을 교화하고 복음을 전파한다는 명분을 내세웠지만, 정작 정복자들의 관심사는 황금 획득이었다.

그러나 엘도라도는 환상이었을 뿐 어디에도 없었다. 대신 스페인은 적극적인 채광으로 눈을 돌려 16세기 중반까지 볼리비아의 뽀또시(Potosi) 은광과 멕시코의 사까떼까스(Zacatecas) 은광을 개발했다. 이들 은광에서 채굴된 은의 양은 16세기 말 전 세계 은 생산량의 90%에 육박했다. 특히 뽀또시는 이에 힘입어 17세기 신대륙 최대의 도시로 급성장했다. 발레 운 뽀또시(Vale un Potosi, 뽀또시 하나만큼의 가치가 있다, 즉 엄청난 가치가 있다는 뜻)라는 말이 생겨날 정도였으니, 당시 뽀또시 은광 도시가 얼마나 융성했는지 짐작할 만하다.

한편, 초기 정복자들은 그들이 차지한 땅에서 거의 무한대의 권한을 행사했다. 정복 과정에서 기여한 정도에 따라 토지를 분배받았고 자신이 원하는 직책을 국왕에게 상신하면 거의 그대로 인정받았다. 이후에는 스페인 왕실의 간섭을 받지 않고 독자적인 식민사업을 펼치며 행정, 사법, 군사 권한을 손에 쥐고 흔들었다. 스페인 왕실은 차츰 이 정복자들이 신대륙에서 무소불위의 힘을 행사하며 또 다른 봉건귀족으로 성장하는 것을 거북하게 여겨 통제를 강화하기 시작했다. 본국에 식민지 지배·통치를 효율적으로 수행하기 위한 관청을 설립하고, 신대륙에는 국왕이 신임하는 관리를 파견하여 통치체제를 갖추고 그들을 견제했다.

▶▶▶ 식민통치체제

신대륙은 금, 은을 비롯하여 스페인이 필요로 하는 모든 원료의 공급지이자 상품 판매시장이었다. 스페인은 1501년 외국 선박이 신대륙으로 항해하는 것을 금지하여 독점무역 기반을 마련하는 한편, 1503년 신대륙에 관한 전반적인 사무를 관장하기 위한 기구로 통상원(Casa de Contratación)을 세비야에 설립했다. 식민지배 초기 세비야는 스페인 본국과 신대륙 간을 연결하는 유일한 창구였다. 통상원은 식민지와의 무역을 엄격히 통제하는 한편, 교역상품에 관세를 부과하고 식민지에서 국왕에게 바치는 세금(Quinto real, 1/5세)을 징수했다. 또한 식민지와의 통항과 관련된 분쟁을 처리하는 사법적 기능도 수행하였다.

세비야 항

　1524년에는 통상원의 상위기구로 인디아스 심의회(Supremo Consejo de Indias)가 설치되었다. 이 심의회는 식민지 행정을 관장하는 행정권, 식민지에서 실행할 법령과 왕실 칙령을 제정하는 입법권, 그리고 왕실 사법행정원(Real Audiencia)과 통상원에서 판결한 소송의 최종심을 수행하는 사법권을 모두 갖고 있었다. 막강한 권한을 가진 이 두 기구는 스페인 본국이 식민지를 요리하는 컨트롤타워였다.

　식민지에 설치되었던 통치기구로는 부왕청(Virreinato)과 총독청(Capitania Generál)이 있었다. 부왕은 스페인 국왕을 대리하여 식민

지를 통치하는 최고권력자로서 관할지역의 행정과 사법을 총괄했
다. 국왕의 신임을 받는 귀족이 부왕으로 임명되었으며 임기는 평
균 5년이었다.

　스페인은 1535년 최초로 누에바 에스빠냐(Nueva España) 부왕청
을 설치하여 오늘날의 멕시코와 중미 지역, 그리고 카리브해 일대
를 관할하게 했다. 이어서 1542년에는 오늘날의 페루, 에콰도르,

4개 부왕청 위치도

콜롬비아 지역을 관할하는 페루(Perú) 부왕청을 설치하였다. 1717년에는 페루 부왕청에서 에콰도르와 콜롬비아 지역을 분리하여 따로 누에바 그라나다 부왕청을 설치하고 베네수엘라까지 포함한 지역을 관할하도록 했다. 끝으로 1776년에는 리오 데 라플라타(Río de la Plata) 부왕청을 설치하여 아르헨티나, 우루과이, 파라과이와 볼리비아 일부 지역을 관할하도록 했다.

이 4개 부왕청 체제는 19세기 초 라틴아메리카 각국이 차례로 독립할 때까지 존속했다. 한편, 부왕청 소재지로부터 멀리 떨어진 지역, 특히 무장 상선이나 해적의 출몰에 대처해야 했던 칠레, 베네수엘라, 과테말라, 쿠바 등에는 별도로 총독청을 두었다. 총독은 형식상으로는 부왕의 하위직이지만 사실상 독립적으로 권한을 행사하였다.

이제 경제수탈제도를 살펴보자. 우선 엔꼬미엔다(Encomienda)가 있다. 용어 자체로는 위탁, 위임이라는 뜻이다. 말 그대로 스페인 국왕이 식민지 정복자들에게 원주민을 위탁하는 제도다. 정복자들은 국왕으로부터 원주민을 위탁받아 그들을 보호하고 종교적으로 교화하며 교육시킬 의무를 가진다. 그 대신 원주민들은 금, 은과 옥수수, 밀, 돼지 등 공물과 노동력을 바쳤다. 이 제도는 원주민 보호를 명분으로 내세워 노동력을 착취하는 사실상 노예제도였다. 더구나 정복자들은 아무런 법적 권한이 없는데도 원주민들의 땅까지 강탈하기를 서슴지 않았다.

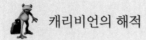
캐리비언의 해적

스페인은 16세기 초 신대륙과의 무역을 독점하면서 막대한 이익을 챙겼다. 그러나 재물이 있는 곳엔 이를 탐하는 무리가 꼬이기 마련이라, 시간이 지나면서 금, 은과 물자를 싣고 카리브해를 오가는 선박들을 노리는 해적이 늘어나기 시작했다. 특히 영국인 해적들이 스페인을 괴롭혔는데, 대표적인 인물이 프랜시스 드레이크(Francis Drake)이다.

그는 1570년경부터 서인도제도를 무대로 해적질을 일삼았는데, 얼마나 신출귀몰했는지 스페인 선박들로서는 그의 스페인식 이름인 엘 드라께(El Draque)가 공포 그 자체였다. 당시 유럽 최강의 군주였던 스페인의 펠리페 2세가 나서서 여러 차례 그를 처벌하고 해적을 단속할 것을 영국에 요구했지만, 영국은 미온적인 태도를 보이며 그의 해적활동을 방조했다. 오히려 엘리자베스 1세는 1581년 드레이크에게 기사 작위를 수여하고 정식으로 영국 해군 제독으로 임명하기까지 했다.

그는 1588년 영국 함대 부사령관이 되어 스페인의 무적함대 '아르마다'를 궤멸시키는 혁혁한 전공을 세웠다. 스페인으로서는 분통 터질 노릇이었지만 이미 그 무렵 스페인은 대서양 제해권에서 영국에 밀리고 있었던 터라 달리 도리가 없었다.

유카탄 반도 남단에 위치한 벨리즈는 당시 영국 해적들의 활동 거점이었으며, 1862년에는 영국 식민지로 편입되어 영국령 온두라스로 불리다가 1973년 벨리즈로 개칭되었고 1981년 독립하였다. 라틴아메리카에서는 드물게 영어를 공용어로 쓰며 영연방국가로 남아 있는 배경에는 16세기 해적이 자리하고 있는 셈이다. 오늘날 캐리비언의 해적은 영화 시리즈로, 비디오 게임으로, 소설로 되살아나 폭발적인 인기를 끌고 있기도 하다. 이쯤 되면 해적 팔자도 괜찮다고 해야 할까?

엔꼬미엔다의 소유주(엔꼬멘데로)는 광대한 농지를 소유하면서 원주민 위에 군림했다. 엔꼬미엔다가 원주민을 착취하는 제도로 변질되고 엔꼬멘데로들이 점차 봉건귀족으로 성장하여 스페인 왕실과 가톨릭교회의 이해관계를 위협하는 세력으로 등장하자 왕실은 이를 탐탁지 않게 여기게 되었다. 결국 1542년 국왕 까를로스 1세는 신법(Nueva Ley)을 공포했다. 이 법은 원주민을 노예처럼 부려 강제 노역시키는 것을 금지하고, 부득이하게 일을 시킬 경우에는 정당한 대가를 지불하도록 했다. 또한 엔꼬멘데로들의 토지 상속을 한 세대만으로 제한하여 토지 세습을 차단했다. 그러나 신법이 시행되었음에도 원주민에 대한 노동력 착취는 식민지배 기간 내내 지속되었다.

엔꼬미엔다 제도는 후에 아시엔다(Hacienda, 대농장) 제도로 바뀌었다. 엔꼬미엔다는 원래 국왕이 정복자들에게 부여해 준 허가권이기 때문에 엔꼬멘데로들은 토지에 대한 권한도 없고 원주민 노동력 사용에 대한 조건도 임의로 정할 수가 없었다. 반면에 아시엔다의 경우, 법적으로 토지 소유가 인정되며 농장주가 직접 원주민의 노동조건을 정할 수 있었다. 정복자들은 원주민에게서 토지를 빼앗아 대규모 농장을 만들고 원주민을 이에 예속시켰다.

아시엔다는 내부에 교회, 상점, 학교, 감옥, 묘지 등 자체 서비스 시설을 갖춘, 중세 봉건 영지와 다름없는 폐쇄적인 사회였다. 농장주는 아시엔다 내에서 행정, 입법, 사법 등 무소불위의 권한을 행사

과거의 아시엔다

하면서 원주민들에게 노동과 충성을 요구했고, 대신 그들에게 식량과 의약품을 제공하고 최소한의 교육도 시켰다. 원주민들은 아시엔다 내에서 중노동에 시달렸지만, 그나마 자신들의 전통적인 생활관습은 유지할 수 있었다. 지금도 라틴아메리카 각국을 여행하다 보면 곳곳에서 옛 아시엔다의 흔적을 어렵지 않게 찾아볼 수 있다.

▶▶▶ 식민지 사회의 계층구조

신대륙에 발을 디딘 유럽인들의 눈에는 원시종교를 믿고 미개한 생활을 하는 원주민들이 문화적으로나 인종적으로나 열등한 존재로 보였다. 따라서 그들은 정복활동을 원주민들에게 문명을 전파하고 종교적으로 교화시키는 사명으로 인식하게 되었다. 신대륙의 식민지화가 진전되면서 본국에서 건너온 스페인 남성들은 아무런 죄의식 없이 원주민 여성들을 강간하거나 축첩했고, 드물게는 결혼하여 가정을 꾸리기도 했다.

아즈텍이 멸망한 직후인 1522년 멕시코 땅에서 한 아이가 태어났다. 아이의 이름은 마르띤 꼬르떼스(Martín Cortés). 아즈텍 제국을 정복한 에르난 꼬르떼스(Hernán Cortés)와 그의 통역관이자 정부(情婦)였던 원주민 여성 말린체(Malinche) 사이에서 태어난 아들이다. 유럽 백인과 라틴아메리카 원주민 간의 혼혈을 메스띠소(Meztizo)라 일컫는데, 역사는 이 아이를 최초의 메스띠소로 기록하고 있다. 메스띠소는 이후 신대륙에서 다양하게 나타난 혼혈인종 중에서는 사회적 지위가 가장 나은 편이었다.

한편, 식민 초기에 노동력의 주된 공급원이었던 원주민 수가 급격히 줄어들자 스페인 당국은 대체 노동력을 확보하기 위해 아프리카로부터 흑인 노예를 대거 들여왔다. 포르투갈 역시 아프리카 흑인 노예들을 브라질로 데려와 광산과 사탕수수 농장에 투입했

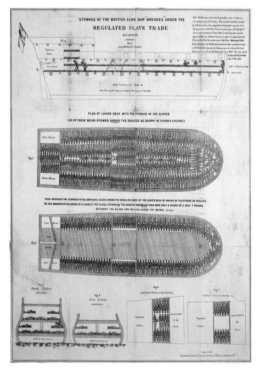

▲ 농장에서 혹사당하는
　노예노동자

▼ 노예운반선 설계도

다. 이들 흑인과 백인 사이에서 태어난 혼혈인종이 물라또(Mulato)이다. 또 흑인과 원주민 사이에서 태어난 혼혈은 삼보(Zambo)라 부르는데, 혼혈인종 중에서도 가장 천시되었다.

시간이 지나면서 혈통은 더 복잡하게 뒤섞여 나타났고 사람들은 피부 색깔에 따라 사회적 지위가 달라지게 되었다. 혈통이 백인에서 멀어지면 멀어질수록 사회적 지위가 낮아졌음은 물론이다. 요컨대 식민사회 계층구조의 정점에는 스페인 본국, 즉 이베리아 반도에서 건너온 백인인 **뻬닌술라르**(Peninsular, 반도인)가 있고, 그 아래에 식민지에서 태어나고 성장한 백인인 *끄리오요*(Criollo)가 자리한다. 이 두 집단 사이에도 엄연히 차별이 존재했다. 그럼에도 식민지 사회 전체로 보면 이 두 혈통은 원주민, 메스띠소, 흑인 기타 혼혈인종 위에 군림하는 지배층이었다.

라틴아메리카의 흑인

콜럼버스의 신대륙 발견 이후 약 1세기가 지나는 동안 원주민의 인구가 급격히 줄어들자 스페인은 아프리카에서 흑인 노예들을 들여와서 대체 노동력으로 활용했다.

아프리카 항로를 선점했던 포르투갈은 이보다 훨씬 전인 15세기 중반부터 아프리카 서부해안을 근거지로 하여 노예무역을 시작했고, 브라질을 식민지로 삼은 후에는 많은 흑인 노예들을 브라질 땅으로 데려왔다. 특히 17세기에 들어와 카리브해와 브라질 북부지역을 중심으로 사탕수수 재배가 늘어나게 되자 흑인 노예의 유입도 크게 증가했다. 18세기 말까지 아메리카에 끌려온 흑인 노예의 수는 약 950만 명에 이르는 것으로 추산된다.

이들은 주로 사탕수수 농장 아니면 멕시코나 페루의 광산에서 일했다. 고된 노동에 적합하지 않았던 아메리카 원주민과는 달리 흑인 노예들의 생산성은 아주 높았다. 이들 아프리카 흑인 노예들이 없었더라면 스페인과 포르투갈의 식민지 경영은 무척 어려웠을 것이다.

오늘날 쿠바를 비롯한 카리브해 국가들과 브라질에서 인구의 다수를 점하고 있는 흑인들은 이렇게 강제로 끌려와 원래의 친족집단으로부터 절연된, 뿌리 뽑힌 아프리카 노예의 후손들이다.

4. 독립의 기운 싹트다

▶▶▶ 부르봉 왕조의 개혁과 끄리오요의 반발

1700~1713년의 왕위 계승 전쟁으로 스페인 왕실이 합스부르크 왕조에서 부르봉 왕조로 바뀌었다. 부르봉 왕조의 까를로스 3세는 1765년 라틴아메리카에 대한 왕실의 통치력을 강화하는 개혁조치를 시행했다. 우선 식민지의 복잡한 행정체제를 감독관(Intendencia)제로 바꾸고 뻬닌술라르들을 감독관으로 임명했다.

또 그동안 끄리오요들이 맡아왔던 지방법원도 뻬닌술라르가 통제하도록 했다. 아울러 해외교역에 대한 제재를 강화하는 한편, 끄리오요들이 밀무역을 통해 수익을 챙겨오던 많은 상품에 새로이 관세를 부과하여 왕실의 수입 증대를 꾀하였다.

이 개혁정책은 국왕의 식민지 통치력을 강화시키는 효과를 가져왔지만, 동시에 끄리오요들의 강한 반발을 불러일으켰다. 그동안 식민지 행정과 가톨릭교회 요직에서 소외되어 온 불만이 쌓여 있었던 터에 스페인 본국의 중상주의 정책으로 인한 무역장벽 강화는 그들의 생존기반을 해치는 현실적인 위협으로 다가왔기 때문이다. 이에 더하여 개혁조치로 인해 뻬닌술라르가 누리게 된 차별적 특혜는 끄리오요들의 반발과 증오심을 부추겼으며, 두 계층 간 반목의 골은 깊어만 갔다.

누에바 에스빠냐의 한 주교는 당시 끄리오요들이 스페인 본국과 뻬닌술라르들에게 가졌던 반감과 증오를 다음과 같이 전하며 우려를 표명하기도 했다. "그들은 만일 자신의 몸에서 스페인인의 피를 지워 버릴 수 있다면 기꺼이 그렇게 할 것이다"라고. 또한 18세기 말에 신대륙을 여행했던 훔볼트는 당시 많은 끄리오요들이 "나는 스페인인이 아니라 아메리카인"이라고 주장하며 자신들의 정체성을 찾으려 했다고 소개하기도 했다.

▶▶▶ 계몽사상의 전파

끄리오요들의 의식을 일깨워 독립운동으로 이끈 또 하나의 동인(動因)이라면 유럽에서 전파된 계몽사상을 빼놓을 수 없다. 토마스 홉스와 존 로크를 중심으로 17세기 영국에서 태동한 계몽사상은 18세기에 들어와 프랑스에서 만개하게 된다. 몽테스키외가 《법의 정신》을 통해 삼권분립을 주장하면서 절대왕정 체제를 흔들었고, 볼테르를 거쳐 루소의 《인간불평등 기원론》과 《사회계약론》에 이르러 계몽사상은 새로운 사조로 완전히 자리를 잡는다.

이같은 계몽사상가들의 주장을 받아들여 18세기 러시아의 여제 예카테리나를 비롯한 여러 계몽군주들은 온건한 개혁정책을 펼쳤으며, 일반 민중들 또한 사회악에 대한 비판과 저항에 눈뜨게 되었다. 계몽사상가들은 권위와 전통에 대한 저항을 주장하면서도 그 수단으로 혁명까지는 생각하지 않았으나, 이 새로운 사상을 통해 성숙해진 일반 민중의 저항의식은 결국 1776년 미국의 독립선언과 1789년 프랑스 대혁명으로 이어졌다.

18세기가 끝나갈 무렵 유럽의 계몽사상은 신대륙으로도 전해졌다. 많은 끄리오요 지식인들이 몽테스키외, 볼테르, 루소 등 계몽사상가들의 금서를 읽게 되었고, 데카르트나 라이프니츠, 뉴턴의 이론에 기반을 둔 과학서적을 탐독하였다. 그리하여 1800년경에는 다수의 끄리오요 엘리트들이 동시대 유럽의 가장 진보적인 사상에 상당히 익숙해져 있었다. 예컨대 아르헨티나의 혁명가 마누엘 벨그라노(Manuel Belgrano)는 다음과 같이 회상했다.

"1798년 당시 나는 스페인에 체류중이었다. 그때 프랑스 혁명이 스페인인들에게, 특히 내가 교류하던 지식인들 사이에서 엄청난 이념상의 변화를 만들어 내고 있었기 때문에 자유, 평등, 안전, 재산에 대한 프랑스 혁명의 이상이 내 머릿속에 확고하게 자리잡게 되었다."

이제 계몽사상에 눈뜬 끄리오요들이 식민통치체제와 행태에 반발하고 저항하는 것은 시간문제일 뿐이었다.

끄리오요, 독립의 주역

끄리오요(Criollo)는 신대륙에서 태어나고 자란 백인(스페인인)을 말한다. 식민지 사회에서는 뻬닌술라르와 함께 지배계급에 속해 있었지만 정치적·사회적 위상에는 한계가 있었다. 가톨릭교회 성직자, 부왕을 정점으로 한 행정관료, 그리고 군대 조직 등 식민통치를 지탱하는 3대 지주의 최상층부는 뻬닌술라르의 몫이었고, 끄리오요는 그 아래에서 뻬닌술라르를 보좌하는 역할에 머물렀다.

비유하자면 끄리오요는 신라의 골품제도에서 6두품과 같은 존재였다. 끄리오요들은 이러한 정치적 차별뿐만 아니라 스페인 본국의 중상주의 정책에도 불만이 많았다. 자신들이 부를 축적할 기회를 스페인 본국이 차단하고 있었기 때문이다. 식민통치 기간이 길어지면서 자연히 뻬닌술라르에 비해 끄리오요의 숫자가 점점 더 많아졌다.

이들은 세력이 커지자 뻬닌술라르와 스페인 본국에 대해 더 많은 정치 참여와 경제적 기회를 보장해 줄 것을 계속 요구하였고, 이는 나아가 식민지 자치권 확대 요구로 이어졌다. 식민지의 자치 독립을 주창하는 점에 있어서는 끄리오요와 피지배계급의 이해가 일치되었고, 따라서 이후 자연스럽게 끄리오요들이 원주민, 메스띠소, 흑인 등 피지배계급과 한편에 서서 독립운동을 주도하게 되었다.

시몬 볼리바르, 호세 데 산 마르띤, 안또니오 호세 데 수크레, 호세 아르띠가스 등이 독립운동을 이끈 대표적인 끄리오요들이다.

시몬 볼리바르

호세 데 산 마르띤

안또니오 호세 데 수크레

호세 아르띠가스

▶▶▶ 스페인과 포르투갈의 국력 쇠퇴

16세기 스페인은 해가 지지 않는 제국으로서 전성기를 구가하였다. 그 영광의 중심에 펠리페 2세(1556~1598)가 있었다. 신대륙에 대한 지배는 공고했으며 1580년에는 포르투갈까지 합병하여 한껏 위세를 떨쳤다. 그러나 실상을 들여다보면 제국은 속으로 곪아가고 있었다. 유럽의 여러 전쟁에 무리하게 개입함으로써 국가 재정은 바닥을 드러냈고, 신대륙에서 들어오는 막대한 은도 곧바로 외채 상환용으로 빠져나가 실질적인 도움이 되지 못했다. 한마디로 외화내빈이었다.

결정적인 위기 조짐은 1588년에 드러났다. 제국의 위력을 상징하던 무적함대 '아르마다(Armada)'가 영국과의 싸움에서 패배한 것이다. 그 충격적인 패전은 16세기 '승리하는 스페인'과 17세기 '패배하는 스페인'을 가르는 분기점이 되었다. 17세기에 들어서면서부터 제국은 서서히 내리막길을 걷게 된다. 18세기 초 새로 들어선 부르봉 왕조가 나름의 개혁정책을 펼쳤지만 몰락의 흐름을 되돌리기에는 역부족이었다.

프랑스 혁명이 촉발시킨 유럽의 전쟁은 부르봉 왕조의 개혁이 스페인이 안고 있던 경제적 · 사회적 문제점을 개선하는 데 실패했음을 분명히 보여 주었다. 1795년 바젤(Basel) 평화조약을 계기로 스페인은 당시 유럽 최강으로 군림하고 있던 프랑스 편에 서며 동맹국이 되었다.

이에 영국은 즉각 해군을 내세워 스페인 선박들을 대서양에서 쫓아내고 스페인과 신대륙 간의 소통을 사실상 단절시켰다. 이같은 영국의 세에 밀려 스페인은 스페인 항구와 외국 항구들을 오가는 중립국 선박들이 자국의 식민지와 교역하는 것을 허용할 수밖에 없게 되었다. 결정적으로 스페인은 1805년 트라팔가 해전에서 영국에 패함으로써 대서양에서의 제해권을 완전히 상실했다.

이는 곧 스페인이 그동안 누려오던 유럽과 신대륙 간의 독점무역이 더 이상 지속될 수 없게 되었음을 뜻한다. 이때부터 식민지는 스페인의 독점무역 체제에서 벗어나 영국, 프랑스, 네덜란드 등과 직접 교역에 나섰고, 많은 끄리오요들이 무역을 통해 부를 축적하면서 경제적 독립 토대를 마련하게 되었다.

이에 더하여 1807년 나폴레옹의 이베리아 반도 침공은 스페인에게 견딜 수 없는 고통을 안겨 주었다. 1807년 나폴레옹은 영국 선박들의 유럽 내 항구 입항을 봉쇄하는 대륙 시스템을 가동시키려고 했는데 포르투갈이 이를 거부하고 나섰다. 이에 분개한 나폴레옹은 포르투갈 침공을 위해 프랑스군이 스페인 영토를 통과할 수 있게 해 달라고 스페인을 압박했다. 스페인은 무력했다. 스페인 땅으로 들어온 프랑스 군대는 이베리아 반도 전역을 휩쓸었다. 마침내 나폴레옹은 까를로스 4세와 그의 아들(훗날의 페르난도 7세)을 밀어내고 자신의 형인 조셉 보나파르트를 스페인 왕으로 앉혔다.

그러나 식민지에서는 새 스페인 왕의 정통성을 인정하지 않았다. 신대륙의 끄리오요들은 스페인이 머지않아 붕괴될 것이라고 생각하고, 어떻게 하면 이 극적인 상황을 자신들에게 유리하게 이용할 것인지를 두고 고심했다. 이 일련의 사태는 얼마 전까지만 해도 먼 미래의 일로만 여겨지던 자치권 확보 또는 완전 독립이라는 이상을 현실적인 목표로 바꾸어 주었다. 공고하던 스페인의 식민지배가 뿌리부터 흔들리기 시작한 것이다.

한편, 나폴레옹이 여세를 몰아 포르투갈을 침공하자 포르투갈 국왕 동 주앙(훗날의 동 주앙 6세)은 왕실 가족과 귀족 등 15,000여 명과 함께 영국 해군의 호위를 받으며 아예 브라질로 망명해 버렸다. 이제 스페인과 포르투갈의 신대륙 식민지배 역사는 그 끝이 보이기 시작했다.

5. 독립을 향한 여정

라틴아메리카의 스페인 식민지는 쿠바를 빼고는 거의 모두 1810~1825년 사이에 독립을 쟁취했다. 앞서 보았듯이 18세기 후반부에 들어서면서부터 스페인 본국의 통치력이 약화되었고 식민지 내부에서 저항세력이 성장하는 등 독립에 이르는 배경이 유사했기 때문이다.

라틴아메리카의 독립투쟁은 크게 두 갈래의 흐름으로 전개되었다. 해방을 향한 하나의 물줄기는 베네수엘라로부터 남쪽으로 흘렀고, 또 다른 물줄기는 아르헨티나로부터 시작하여 북쪽으로 올라갔다. 이 두 물줄기는 스페인의 식민지 최후의 보루였던 페루에서 만난다. 두 물줄기를 이끈 주역은 시몬 볼리바르(Simón Bolívar)와 호세 데 산 마르띤(José de San Martín)이었다.

한편, 스페인과 신대륙 간의 통상 거점으로서 스페인 본국이 가장 중시했던 멕시코(누에바 에스빠냐 부왕령)에서는 미겔 이달고(Miguel Idalgo) 신부와 호세 마리아 모렐로스(José María Morelos) 신부 등 사제들이 독립운동의 불씨를 당겼다. 포르투갈 지배하에 있던 브라질의 독립운동은 1808~1822년에 걸쳐 비교적 순조롭게 진행되었다.

▶▶▶ 해방자 시몬 볼리바르

1783년 베네수엘라의 카라카스에서 태어난 시몬 볼리바르는 토지, 노예, 광산 등 상당한 재산을 가진 부유한 끄리오요 집안 출신이다. 그는 어린 시절부터 계몽사상을 담은 고전을 탐독하여 지적 지평을 넓혔고, 16세 때는 유럽을 여행하면서 프랑스대혁명 이후의 사회 분위기를 직접 경험하였다.

그는 카라카스에 돌아와 스페인 체제 타도를 목표로 하는 비밀결사에 합류하였다. 1810년 미란다 장군과 함께 베네수엘라 독립전쟁에 참여했으나 불운하게도 부대가 주둔하고 있던 카라카스에 대지진이 일어나는 바람에 많은 희생을 치르고 퇴각했다. 1812년 독립군 총사령관이 되어 다시 군사를 일으켜 이번에는 스페인군을 격퇴하고 카라카스에 입성했다. 사람들을 그를 '해방자(Libertador)'라고 부르며 열렬히 환영했다.

그러나 1814년 스페인군의 반격을 받은 볼리바르는 카라카스에서 물러나 자메이카로 피신해야 했다. 비록 한걸음 물러섰지만 그는 결국 독립을 성취하고야 말 것이라는 믿음을 갖고 있었다. 그는 자메이카에서 유명한 편지 한 통을 보냈는데, 이 편지에 독립에 대한 흔들리지 않는 믿음과 함께 아메리카의 상황과 전망을 분석한 그의 혜안이 담겨 있었다. 1816년 3월 볼리바르는 소수의 추종자들과 함께 베네수엘라 해안의 마르가리따 섬에 상륙했다.

시몬 볼리바르

이번에는 베네수엘라 평원을 주름잡으며 용맹을 떨치고 있던 야네로 (llanero, 베네수엘라 평원의 목동)들이 볼리바르를 지지하며 합세했다.

전쟁의 흐름은 이제 볼리바르에게 유리하게 전개되기 시작했다. 그는 1817년 다시 본격적인 독립투쟁을 재개하여 1819년 누에바그라나다(콜롬비아)를, 1821년에는 베네수엘라를, 1822년에는 에콰도르를 차례로 해방시켰다.

한편, 1821년 9월 쿠쿠타에서 소집된 의회는 대콜롬비아(Gran Colombia) 연방 수립을 선포하고 볼리바르를 종신 대통령으로 추대하였다. 그는 이후에도 남미지역 해방운동을 계속하여 1824년 아야쿠초(Ayacucho) 전투를 승리로 이끌며 1825년 페루를 해방시켰다. 이어서 알토 페루(Alto Perú, 안데스 고원지역)를 독립시키고 이곳에 볼리비아공화국을 수립했다.

▶▶▶ 페루의 보호자 산 마르띤

1806년부터 라플라타 부왕령의 끄리오요들은 부에노스아이레스에 주둔하고 있던 영국군을 몰아내면서 독립에 대한 열망을 키워갔다. 1810년 부에노스아이레스 의회는 라플라타 부왕령의 독립을 선언했지만, 완전한 독립을 이루기 위해서는 페루와 알토 페루(볼리비아), 그리고 파라과이에 남아 있는 스페인군과의 일전이 불가피했다. 이때 등장한 인물이 호세 데 산 마르띤이다.

그는 아르헨티나 북동부 출신으로 스페인에서 교육을 받고 스페인군 장교로 복무하였다. 실전 경험이 풍부했던 그는 탁월한 전략가로서의 수완을 발휘했다. 우선 안데스 산맥을 넘어 칠레를 해방시키고, 그 여세를 몰아 라플라타와 칠레 연합군이 바다를 통해 페루를 기습하는 전략을 구상하였다. 이 작전을 위해 2년간 칠레 접경지역에서 군사를 훈련시키고 무기와 장비를 마련한 산 마르띤은 드디어 1817년 얼어붙은 안데스 산맥을 넘어가 칠레의 스페인군과 결전을 벌여 대승을 거두었다.

이어서 1818년 마이푸 전투에서 승리하고 칠레 독립을 공식적으로 선언했다. 산티아고 시민들은 산 마르띤을 해방자로서 환영하고 칠레 정부의 수반으로 추대했다. 그러나 산 마르띤은 그 자리를 칠레 독립의 지도자 베르나르도 오이긴스에게 양보하고, 자신은 페루에 대한 해상공격을 준비했다. 대병력이 아따까마 사막을 건너

호세 데 산 마르띤

리마까지 육로로 진군한다는 것은 무모하다고 판단했기 때문이다.

1820년 산 마르띤이 지휘하는 함대가 칠레 발파라이소 항을 떠나 페루 까야오 항 남쪽으로 상륙했다. 그곳에서 스페인군의 동태를 주시하며 기회를 엿보던 산 마르띤은 드디어 1821년 리마로 진격하여 페루 독립을 선언했다. '페루의 보호자' 칭호를 받은 그는 원주민 강제노동 폐지, 노예 자녀의 신분 해방, 금과 은 수출 금지 등 여러 가지 조치를 취해 신생 독립국 페루의 정치·경제적 기반을 마련해 주었다.

그러나 그의 사회개혁 정책은 페루 기득권 지배층의 저항에 직면했고, 그가 페루의 통치자로 부상하는 것을 꺼리는 파당적 반대도 거세어졌다. 산 마르띤은 이에 크게 실망했다.

▶▶▶ 과야낄 회담

　비록 리마를 해방시켰지만 페루 각지에는 여전히 강력한 스페인 군대가 남아 있었다. 산 마르띤은 페루의 완전한 독립을 위해서는 볼리바르의 군사적 도움이 절대 필요하다고 생각하여 1822년 에콰도르의 과야낄(Guayaquíl)에서 시몬 볼리바르를 만났다. 이것이 라틴아메리카 해방을 이끈 두 주역이 자리를 함께 한 그 유명한 '과야낄 회담'이다.

　역사적인 과야낄 회담에서 구체적으로 어떤 얘기들이 오갔는지는 알려지지 않았다. 다만 라틴아메리카의 미래와 관련해서는 두 사람의 견해가 달랐던 것으로 보인다. 볼리바르가 라틴아메리카 전체를 하나의 나라로 묶는 강력한 대통령제 실시를 주장한 반면, 산 마르띤은 아직은 여건이 성숙되지 않았으므로 입헌군주제를 시행하는 것이 타당하다는 입장이었다. 아무튼 과야낄 회담 이후 두 사람은 서로 다른 길을 걷는다.

　산 마르띤은 일체의 정치적 행보를 접고 아르헨티나로 돌아갔다가 1823년 말 유럽으로 갔고, 다시는 라틴아메리카로 돌아오지 못한 채 72세의 나이로 프랑스에서 생을 마감했다. 반면 볼리바르는 페루의 완전한 독립을 위해 매진하여 1824년 12월 아야쿠초 전투에서 승리함으로써 페루를 정치적으로 완전히 독립시켰다. 마지막으로 남아 버티던 스페인 총독 휘하의 군대가 아야쿠초 전투에서 궤멸됨으로써 사실상 라틴아메리카 해방전쟁은 마무리되었다.

과야낄 회담 기념비

이어서 볼리바르는 여세를 몰아 안또니오 호세 데 수크레(Antonio José de Sucre)와 함께 알토 페루까지 해방시켰다. 알토 페루 지역은 볼리바르의 이름을 따 국호를 볼리비아로 정하여 오늘에 이른다.

▶▶▶ 사제들이 이끈 멕시코 독립

누에바 에스빠냐 부왕령(지금의 멕시코)은 지리적으로 스페인 본국과 가까울 뿐 아니라 스페인에게 많은 경제적 이익을 안겨 준 요충지였다. 그만큼 다른 지역에 비해 스페인 본국의 통제가 강했다.

하지만 1808~1810년 부르봉 왕조가 위기에 처하자 이곳에서도 일부 끄리오요 지도자들을 중심으로 '페르난도 7세의 이름 하에' 자치 또는 완전 독립을 추구하는 기운이 일기 시작했다.

1810년 12월 케레따로 지방의 끄리오요들이 비밀결사를 조직하고 봉기를 도모했을 때의 명분도 어디까지나 페르난도 7세의 이름 아래 멕시코의 독립을 선언하는 것이었다. 이 봉기 계획은 사전에 누설되어 주요 가담자들이 체포되면서 실패로 돌아갔다. 하지만 이 사실이 알려지자 돌로레스(Dolores) 시의 미겔 이달고(Miguel Idalgo) 신부는 1810년 9월 16일 새벽 미사를 드리면서 교구민들에게 스페인 식민 통치자들을 상대로 맞서 싸울 것을 호소했다.

이것이 멕시코 독립운동의 불씨가 되었던 '돌로레스의 절규'이다. 미겔 이달고가 이끄는 봉기군은 급속히 세를 불리면서 과나후아토를 거쳐 멕시코시티로 향했다. 특히 이달고 신부는 과달루뻬 성모를 독립운동의 수호 성녀로 내세움으로써 추종자들의 신앙심을 자극했다.

그러나 대부분 원주민들이었던 이달고의 군대는 기율도 없이 곳곳에서 약탈과 폭동을 저질렀고, 이를 두려워한 끄리오요들은 스페인군과 손잡고 진압에 나섰다. 결국 오합지졸에 불과했던 이달고 군대는 스페인군에 의해 제압당하고, 이달고도 체포되어 종교재판소에서 유죄판결을 받고 처형되었다. 비록 실패로 끝나긴 했지만 이달고 신부의 투쟁과 순교는 그 이후의 독립운동에 지대한 영향을 미쳤다. 멕시코는 '돌로레스의 절규'가 있었던 9월 16일을

돌로레스의 절규

독립기념일로 정하고 이달고 신부를 추앙하고 있다.

　이달고 신부가 불을 지핀 멕시코 독립운동은 이후 호세 마리아 모렐로스 신부가 이어가게 된다. 그는 급진적인 토지개혁을 내세워 대중적 지지를 확보하고, 엄격한 규율과 훈련으로 군대를 조련했다. 탁월한 게릴라 전술로 1813년 아카풀코를 점령한데 이어, 그해 가을에는 칠판싱고(Chilpancingo)에서 국민의회를 소집하고 멕시코 독립을 선포했다.

　그러나 곧 스페인군의 강력한 반격을 받고 모렐로스도 1815년 체포되어 유죄판결을 받고 처형되었다. 이후 독립운동은 대도시를 피하고 농촌지역을 장악해 나가는 소규모 게릴라전의 양상으로 바뀌었다. 나폴레옹이 물러가고 1814년 절대왕정으로 복귀한 스페인은 식민지에 대한 통치력 회복을 위해 누에바 에스빠냐 부왕령에서의 독립운동을 더욱 탄압했고, 이에 맞서 이제는 *끄리오요*들이 본격적으로 독립운동의 전면에 나서게 된다.

이런 상황에서 주도적 역할을 맡았던 인물이 아구스틴 데 이투르비데(Agustín de Iturbide)였다. 그는 원래 부왕청 소속의 군인으로 이달고와 모렐로스의 봉기를 진압하는 데 공을 세웠던 기회주의자였다. 모렐로스의 잔당을 토벌하는 과정에서 독자적인 세력을 키운 그는 고위 성직자와 지주, 부유한 *끄리오요*들의 지지를 등에 업고 의회를 장악했다. 1821년 9월 이투르비데는 멕시코 독립을 선포했고, 이어서 1822년 멕시코 황제 아구스틴(Agustín) 1세로 추대되어 즉위했다. 이달고와 모렐로스의 희생을 밟고서 그들의 반대편에 섰던 이투르비데가 결국 멕시코의 독립운동을 완결한 셈이니 얄궂은 역사의 반전이라고 아니할 수 없다.

▶▶▶ 브라질의 독립과 왕정의 지속

스페인 식민지들은 독립과 동시에 공화제 국가로 출범하였지만 브라질은 사정이 달라 1822년 독립 후 1889년까지 왕정이 이어진다. 그 연유를 잠깐 살펴보자. 1807년 나폴레옹 침공을 피해 브라질로 망명했던 포르투갈 국왕 동 주앙은 식민지 엘리트 계층의 저항을 잠재우고 주민을 달래기 위해 과감한 개혁정책을 추진했다. 우선 1808년에 브라질 항구를 개방하여 300년간 포르투갈이 독점해 오던 브라질과 유럽 간의 무역을 자유화했다. 또한 공장, 조선소, 학교, 은행, 도서관 등을 설립하여 발전의 기틀을 마련했다.

이어서 1815년에는 포르투갈-브라질 연합왕국을 출범시키고 1816년 동 주앙 6세의 칭호로 연합왕국의 왕위에 올랐다. 이는 중요한 의미를 갖는다. 브라질의 법적 지위가 포르투갈과 동격으로 승격되었음을 뜻하기 때문이다. 그동안 포르투갈에서는 나폴레옹이 물러가고 1820년 자유주의 혁명이 일어났다.

이 혁명정부는 자유주의 헌법을 제정하고 개혁에 나섰으나, 브라질과의 관계에 대해서는 보수, 반동적 태도를 고수했다. 그들은 브라질로 망명한 왕실이 즉각 포르투갈로 돌아오고 이원왕정체제도 폐지하여야 한다고 주장하며 동 주앙 6세를 압박했다.

혁명정부의 압력에 밀려 브라질이냐 포르투갈이냐를 두고 고민하던 동 주앙 6세는 결국 왕자 동 페드루를 브라질에 남겨두고 자신은 1821년 포르투갈로 돌아갔다. 국왕이 귀국했음에도 포르투갈 입헌의회는 브라질에 남아 있는 동 페드루가 브라질 독립을 기도할지 모른다고 우려하여 그 또한 귀환하도록 압박했다.

하지만 동 페드루는 귀국을 거부하고 오히려 자체 정부를 구성하면서 버텼다. 결국 동 페드루는 1822년 9월 7일 이피랑가 강가에서 행한 극적인 연설을 통해 브라질이 포르투갈과 완전히 분리되었음

동 페드루 1세 황제 대관식

을 선언하면서 독립을 외쳤다. 이어서 그는 그해 12월 동 페드루 1세의 이름으로 브라질 황제에 즉위했다. 브라질의 왕정은 이후 60여 년 지속되다가 1889년 11월 군부 쿠데타에 이어 제1공화국이 출범하면서 끝나게 된다.

6. 독립 이후 : 극복해야 할 과제

　라틴아메리카 각국의 독립은 내부로부터 국민적 저항 에너지가 축적되어 이루어졌다기보다는, 유럽에서 프랑스와 영국이 강성해지면서 식민 종주국인 스페인과 포르투갈이 급격히 쇠락해진 데 따른 결과였다고 볼 수 있다. 사정이 그러했으니 신생 독립국가를 경영해 갈 훈련된 지배 엘리트가 따로 없이, 독립운동을 이끌었던 끄리오요들이 각 지방을 장악한 가운데 중앙의 권력 중심부를 넘나드는 행태가 빈번하게 나타났다.

　대체로 19세기 말까지 라틴아메리카의 정치·경제를 좌지우지했던 이른바 까우디요 체제이다. 한편, 독립운동의 전면에 나섰던 끄리오요와 이들을 받쳐 주었던 원주민, 메스띠소, 흑인 등 피지배계층은 독립이라는 명분 아래 일시적으로 뭉치긴 했으나 실은 동상이몽이었다. 끄리오요들은 결코 식민 시절의 피지배계층을 경제적·사회적 동반자로 인식하지 않았다.

　원주민, 메스띠소, 흑인들의 지위는 독립 이후에도 별로 나아지지 않았고, 경제적 궁핍과 사회적 차별, 냉대는 여전히 그들이 감내해야 할 몫으로 남아 있었다. 아울러 비록 독립은 이루었지만 산업 기반이 취약하고 사회기반시설도 절대적으로 부족했기에 어떻게 이를 극복하고 경제적으로 자립할 수 있는 여건을 마련할 것인지도 숙제로 남았다.

▶▶▶ 까우디요 체제

라틴아메리카 식민지의 독립 과정을 보면, 여러 리더들이 할거하여 독자적으로 지역 단위의 투쟁을 이끌고 이 투쟁이 결집되어 결국 스페인군과 부왕의 통치체제를 무너뜨리는 국면으로 이어진다.

이를 주도한 리더들은 물론 그동안 각 지역에서 세력을 키운 끄리오요들이었다. 독립 이후 이들 지역 리더들 중 상당수는 자신의 경제력과 사병(私兵)을 내세워 정치적 영향력을 행사하는 군벌로 변신하게 되는데, 이들을 까우디요(Caudillo)라고 부른다. 독립 초기 각국은 제대로 된 법령이나 제도를 갖추지 못한 채 모든 게 불안정한 혼란기를 겪게 된다. 이 통치의 진공상태를 채우며 활약한 존재가 바로 까우디요들이며, 이들의 권력기반은 가부장적인 권위와 무력이었다.

독립 후 라틴아메리카 각국에서는 쿠데타에 의한 정권교체가 빈번히 발생했는데, 대부분 까우디요들의 권력투쟁이 원인이었다.

예컨대 한 까우디요가 정권을 잡으면 이에 승복하지 못한 다른 까우디요가 사병을 일으켜 이를 뒤엎고 정권을 빼앗는 일이 비일비재했다. 멕시코에서는 1821~1860년 사이에 50회의 정권교체가 있었는데 그중 35회는 쿠데타에 의한 것이었다.

온두라스의 경우도 1838~1876년 기간 중 무려 82명의 대통령이 권좌에 오르내렸을 정도다. 한마디로 19세기의 라틴아메리카는 까우디요의 시대라고 불러도 좋을 만큼 군벌들이 득세한 시기였다. 강력한 카리스마의 개인통치, 권력 사유화, 독재, 정정불안, 정경유착 등 근대 라틴아메리카 정치의 전형적인 모습으로 비쳐진 현상들은 이 까우디요 체제에서 비롯했다고 보아도 무방하다.

20세기에 접어들어 각국의 정치 경험이 축적되고 국민국가 건설 (Nation Building)이 궤도에 오르면서 외견상 까우디요 체제는 사라진

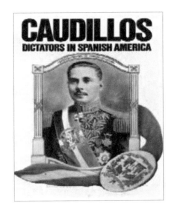 

까우디요

듯 보인다. 하지만 까우디요의 후손들은 여전히 라틴아메리카 각국의 유력 정치가문으로, 지방의 토호로, 또는 경제계의 큰손으로 남아 유무형의 영향력을 행사하고 있다.

▶▶▶ 어려운 걸림돌, 사회통합

독립 이후 각국이 당면한 또 다른 과제는 국민통합이었다. 스페인 식민지배의 굴레에서 벗어나 자치와 독립을 이루고자 했던 점에 있어서는 끄리오요나 피지배계층의 이해가 다르지 않았다. 이런 사정이었기에 끄리오요는 원주민, 메스띠소, 흑인 등 다수 민중을 조직화하여 전면에서 독립운동을 이끌 수 있었고, 민중도 끄리오요 지도자를 자신들의 권리를 대변해 줄 수 있는 존재로 받아들여 기꺼이 독립투쟁 대열에 동참하였다.

그러나 막상 독립을 쟁취하고 나자 사정은 달라졌다. 독립국가의 새로운 리더 그룹이 된 끄리오요들은 독립운동 과정에서 한편에 섰던 하층 민중을 동반자로 인식하기보다는 여전히 그들 위에 군림하는 행태를 보였다. 피지배계층으로서는 지배의 주체가 스페인 왕실과 뻬닌술라르에서 끄리오요로 바뀌었을 뿐, 정작 자신들의 사회적 지위나 권리 면에서는 사실상 나아진 것이 없었다.

인종에 따른 차별은 여전하고 고된 삶에서 벗어나기는 어려웠다. 독립 이후 내전을 겪은 일부 국가에서 가장 큰 희생을 치른 그룹도 이들이었다. 과테말라 내전을 치르는 과정에서 무고하게 희생된 마야 원주민들이 대표적인 사례다.

독립 이후 라틴아메리카 각국이 광활한 국토, 풍부한 자원 등 여러 면에서 좋은 여건을 갖추고도 뒤처진 채 어려움을 겪고 있는 까닭도 여기에 있다. 이러한 사회적 갈등을 어떻게 치유하고 국민통합을 이루어 내느냐 하는 것은 오늘날까지 가장 풀기 어려운 숙제로 남아 있다.

▶▶▶ 취약한 경제

스페인 통치 시절 식민지 경제는 값싼 노동력을 이용한 농작물 재배와 역시 노동집약적인 광물 생산에 크게 의존하는 단순한 구조였다. 이 산업구조는 독립 이후에도 크게 달라지지 않았다. 신생 독립국가 지도자들은 독립 이후 스페인의 무역 독점이 사라지고 나면 대외무역이 크게 늘어나고 경제가 활기를 띠게 될 것으로 기대했다.

그러나 브라질(커피, 설탕), 아르헨티나(가죽), 칠레(금속, 가죽) 등 몇몇 국가들이 풍부한 자연자원을 내세워 일정 수준의 경제 발전을 이루기도 했지만 멕시코, 볼리비아, 페루 등 광산경제에 의존해 온 나라들을 포함하여 대부분의 국가들은 식민시대의 생산수준을 회복하지도 못하고 새로운 성장동력도 찾지 못한 채 어려움을 겪었다. 우선 독립 이후에도 국내 시장을 활성화하고 생산력을 자극할 수 있는 토지와 수입의 재분배가 이루어지지 않았다.

정치적 혼란이 계속되자 외국인 투자도 기대만큼 실행되지 않았다. 값싸고 질 좋은 유럽 제품이 대량 유입되면서 국내 수공업은 경쟁력을 갖출 수가 없었다. 라틴아메리카는 여전히 유럽산 공산품의 큰 소비시장이었고, 교역의 대가로 라틴아메리카의 금과 은은 계속 유럽으로 유출되었다.

특히 영국인은 단기간에 라틴아메리카 시장을 거의 석권하다시피 했다. 독립은 하였지만 각국의 사회 기반과 시장 여건은 총체적으로 부실했다. 도로와 철도망이 제대로 갖추어지지 않은데다가 험준한 산맥과 밀림이 원활한 물류를 가로막아 산업의 성장을 어렵게 했다.

대농장에서 재배되는 농산물의 생산과 유통은 연합청과회사(United Fruits Company) 등 외국 거대자본이 장악해 갔다. 내수시장이 성장하지 못하는 가운데 외국 자본에 대한 의존이 심화되는 이중고를 겪은 것이다. 어떻게 해야 빈곤에서 벗어나고 먹고 살 기반을 마련할 수 있을 것인지를 고민해야 했으나, 불행하게도 정치권력을 장악한 까우디요들은 경제성장 전략은 도외시한 채 비대해진 군사, 관료체제 유지를 위해 국가 재원을 탕진하는 어리석음을 범하는 것이 다반사였다.

7. 미국, 새로운 패권세력으로 부상하다

▶▶▶ 먼로 독트린

라틴아메리카가 스페인과 포르투갈의 식민지배에서 벗어나 차례차례 독립해 가던 19세기 초, 북미 대륙에서는 1776년 일찌감치 독립한 미국이 신생국가의 틀을 벗고 서서히 강대국의 면모를 갖추어 가고 있었다. 미국은 국내정치가 안정되고 국력이 축적되면서 유럽에 대해서도 대등한 위상으로 목소리를 내기 시작했다.

그 첫 신호는 1823년에 나왔다. 미국 제5대 대통령 제임스 먼로(James Monroe)가 1823년 12월 의회에서 행한 연설을 통해, 남북 아메리카에 대한 유럽의 간섭을 거부하는 상호불간섭 원칙을 선언한 것이다. 이른바 먼로 독트린이다.

상호불간섭이라고 했지만 사실상 유럽이 더 이상 라틴아메리카 내정에 개입하는 것을 용인하지 않겠다는 압박이며, 이는 곧 앞으로는 유럽을 대신하여 미국이 라틴아메리카 지역에서 패권을 행사

먼로 독트린 풍자화

하겠다는 의지의 표명이었다. 실제로 이 외교정책은 이후 미국이 라틴아메리카에서 벌인 몇 차례의 전쟁에서 중요한 명분이 되었고, 1, 2차 세계대전을 거치면서 더욱 확고한 원칙으로 자리잡았다. 특히 냉전시기를 거치면서 미국은 라틴아메리카 각국의 내정에도 깊숙이 관여하여 철저히 미국의 국익에 부합하는 정권을 지원해왔는데, 이 역시 먼로 독트린에 따른 외교 행보였다. 몇 가지 사례를 살펴보자.

우선 쿠바의 경우, 1934년부터 1944년까지 쿠바를 통치하고 1952년 재집권하여 1959년 피델 카스트로가 혁명에 성공할 때까지 쿠바를 이끌었던 바띠스따는 미국의 배후 지원을 받아 정권을 지탱하였다. 그의 집권기간 중 쿠바는 사실상 미국의 경제적 식민지로 전락하였고, 수도 아바나에는 미국 기업이 투자한 수많은 호텔과 바, 나이트클럽들이 들어서서 아바나는 미국인을 위한 향락 도시로 변모하였다.

니카라과는 사정이 더 심했다. 1910년대부터 니카라과는 미국의 지원을 받아 보수적인 친미주의자들이 집권했다. 1912년 집권한 아돌포 디아스는 미국으로부터 차관을 제공받는 대가로 세관, 국영철도, 증기선 운행 이권을 미국에 내주었고, 반란 진압을 위해 미군의 지원을 요청하기도 했다.

이는 중미의 중심국가인 니카라과에 안정적인 친미 정부가 유지될 필요가 있다는 미국의 인식과 일치하는 것이었다. 1936~1979년까지 부자(父子) 3대에 걸친 소모사 일가의 세습 독재정권도 미국의 전폭적인 지원을 받았다. 1979년 다니엘 오르테가가 이끄는 산디니스타 혁명정부가 들어서자 미국은 니카라과의 반혁명세력인 콘트라(Contra)에 대한 지원을 시작했다. 니카라과의 좌경화가 라틴아메리카 전역에서 공산주의의 팽창으로 이어질 것을 우려한 것이다.

당시 레이건 대통령은 1981년 콘트라 반군의 훈련 자금으로 약 2천만 달러를 지원했다. 이 자금은 이란에 대한 불법 무기 수출을 통해 마련한 재원이었다. 이른바 이란-콘트라 스캔들이다. 그 외에도 미국은 세계은행(World Bank)과 미주개발은행(IDB)에 영향력을 행사하여 산디니스타 정부에 대한 경제 지원을 차단하기도 했다.

콘트라 반군

칠레의 사회주의 개혁이 좌절되고 피노체트 독재정권이 들어서게 된 배후에도 미국의 그림자가 있었다. 1970년 사회주의 성향의 살바도르 아옌데가 대통령에 당선되었다. 그 이전까지 보수정권 아래에서 칠레 경제는 전체 외국 투자 중 미국이 점하는 비율이 80%를 넘을 만큼 미국에 절대적으로 의존하고 있었다. 아옌데는 집권 초기에 광업과 국가기간산업을 국유화했다.

농지개혁을 단행하여 대지주로부터 토지를 몰수하여 농민들에게 분배하고, 노동자 임금 인상을 통한 소득재분배 정책도 밀어붙였다. 미국으로서는 아옌데의 개혁조치가 달갑지 않았다. 특히 많은 구리 광산을 미국이 소유하고 있었기에 광업 국유화는 미국에 큰 타격을 안겨 주었다. 그동안 기득권을 누려 온 보수 야당과 자본가 계급 역시 아옌데의 사회주의적 개혁조치에 위기감을 느끼고 개혁을 좌절시키려고 했다.

결국 1973년 9월 11일 아우구스토 피노체트 장군이 쿠데타를 일으켰다. 아옌데 대통령은 쿠데타군의 망명 요구를 거부하고 소수 측근들과 함께 끝까지 저항하다가 대통령궁 지하 벙커에서 최후를 맞았다. 쿠데타의 배후에 미국이 있다는 의혹이 제기되자 다음 날 미국 국무성은 이례적으로 논평을 내고 "미국 정부와 미국의 어떤 기관도 칠레 쿠데타에 연루되지 않았다"고 발표했다.

그러나 이는 거짓이었음이 훗날 비밀 해제된 CIA와 국무부, 국방부 등의 관련 문서에 의해 밝혀졌다. 미국은 1970년 아옌데가 대통령에 당선된 직후부터 아옌데 정부 전복공작에 착수했던 것이다. 칠레의 사회주의 개혁이 미국의 국익에 부합되지 않았을 뿐만 아니라, 사회주의 정권이 이웃 국가들로 전파되는 도미노 현상을 우려했기 때문이다.

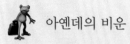 아옌데의 비운

1973년 9월 11일 아침 피노체트가 이끄는 쿠데타군의 항공기가 대통령 집무실인 모네다궁(Moneda, 옛 조폐창 건물이어서 이렇게 불렸다) 상공을 선회하면서 위협하는 가운데 쿠데타군은 아옌데 대통령의 하야와 외국 망명을 집요하게 요구했다. 아옌데 대통령은 마지막 라디오방송을 통해 이를 거부하고 칠레 국민과 끝까지 함께 하겠다는 결연한 의지를 천명하였다. 그의 방송 연설은 그 자체로 명문이다.

"나는 조국을 위해 생명을 바칠 것입니다. 칠레 민중이 보여 준 충성심에 죽음으로 보답하겠습니다. 나는 칠레 대통령으로서 명예로운 책임과 의무를 다할 것입니다. 나는 항상 여러분과 함께 할 것입니다…."

이 연설 직후 쿠데타군 항공기가 대통령궁을 폭격하기 시작했고, 아옌데 대통령은 지하 벙커로 내려가 끝까지 저항하다가 총격전 끝에 사망했다.

▶▶▶ 미국-멕시코 전쟁

    1821년 멕시코가 독립했을 당시의 북미 지도를 보면 오늘날과
사뭇 다르다. 멕시코의 영토가 지금보다 훨씬 넓어서 미국과의 국
경선은 캘리포니아-유타-콜로라도-텍사스 주 북쪽으로 그어져
있다. 그동안 어떤 일이 벌어졌던 것일까? 멕시코 독립 당시 텍사
스는 영토의 북쪽 변방에 위치한 황량한 땅이었다.

    아파치와 코만치 등 인디언들이 터잡아 살고 있던 이곳에 1821년
오스틴(Stephen F. Austin)이라는 미국인이 들어와 식민사업을 시작
했다. 멕시코 정부는 어차피 버려진 땅이라고 여겨 이를 묵인했다.
1830년 무렵에는 이곳에 정착한 이주민(주로 미국인 신교도들)이 약
25,000명에 이르렀고 이 숫자는 곧 멕시코인 거주 인원을 넘어서
게되었다. 1835년 멕시코 의회가 대통령의 권한을 강화하는 중앙
집권제도를 채택하자, 텍사스에 살고 있던 이주민들은 연방주의
헌법의 회복을 요구하면서 독자적인 임시정부를 구성하고 분리독
립운동을 전개했다. 이에 산타 안나(Antonio Lopez de Santa Anna) 장
군이 이끄는 멕시코군이 텍사스로 진격해 산 안토니오를 점령하고
분리주의자들의 저항거점이었던 알라모(Alamo) 요새를 공격했다.
1836년 3월 6일, 186명의 텍사스인들이 알라모 요새에서 13일간
버티며 사투를 벌인 끝에 전멸했다.

    이른바 '알라모의 비극'이다. 이 사건은 결과적으로 텍사스 독립
을 앞당기는 기폭제가 되었다. 텍사스 공화국은 그 후 미국에 합병

▲ 독립 당시 멕시코 영토 ▼ 알라모 전투

을 요구하기 시작했고, 1845년 미국 정부는 텍사스 합병을 승인하기에 이르렀다.

1844년 미국 제11대 대통령으로 당선된 포크(James K. Polk)는 이듬해 텍사스를 합병한데 이어 아예 캘리포니아를 포함한 광대한 변경지역을 미국에 매각할 것을 멕시코 정부에 요구했다. 멕시코는 북방 지역을 제대로 관리할 행정력이 없었음에도 여전히 텍사스의 독립을 인정하지 않았고, 미국은 '명백한 운명' 정신을 명분으로 삼아 서진(西進) 확장을 가속화하고 있었다. 이제 양국이 충돌하는 것은 시간문제였다.

 ### 명백한 운명이란?

미합중국은 북미 전역을 정치·경제·사회적으로 지배하고 개발할 신의 명령을 받았으며, 이는 명백한 운명(Manifest Destiny)이라는 주장이다.

1845년 뉴욕에서 활동하던 저널리스트 오설리번(John O' Sullivan)이 처음 제기한 이래 19세기 중후반의 팽창기에 미국인의 정서를 지배했던 이론으로, 미국의 팽창주의와 인디언 축출, 영토 약탈을 합리화하는 근거가 되었다.

이 시기에 수많은 인디언들이 희생되고 일부는 삶터를 잃고 멕시코 변경지역으로 밀려나게 되었는데, 텍사스를 둘러싼 미국과 멕시코의 충돌도 이와 무관하지 않다. 이 명백한 운명 정신을 내세워 재임 중 미국의 영토를 대폭 확장한 인물이 포크 대통령이다.

포크 대통령은 1845년 12월 의회 연설에서, 먼로 독트린을 더 강화해야 하며 미국은 더 활발하게 서부로 계속 팽창해 나가야 한다고 강조했다. 이즈음에 미국과 멕시코 간의 국경분쟁이 수면 위로 떠올랐다. 미국은 텍사스가 이미 미국에 합병되었음을 들어 리오그란데 강을 국경으로 주장하고 나선 반면, 멕시코는 그보다 훨씬 북쪽으로 흐르는 누에세스 강을 국경이라고 주장했다. 멕시코는 여전히 텍사스의 독립을 인정하지 않고 이 지역에 대한 종주권을 내세우고 있었던 것이다.

1846년 4월, 포크 대통령은 텍사스 땅을 확실히 장악하도록 군에 지시했다. 이 명령에 따라 재커리 테일러 장군이 누에세스 강을 넘어 진격하여 리오그란데 강 북쪽 지역 일대를 점령했다. 양국 군대 간에 수차례 교전이 벌어지자 미국은 5월 13일 정식으로 선전포고를 하고, 멕시코도 선전포고로 맞섰다.

그러나 당시 멕시코는 내부 정쟁에 시달리느라 국민적 투쟁 역량을 결집할 수가 없었고 군사력도 절대 열세를 면치 못했다. 1847년 3월 윈필드 스콧 장군이 이끄는 미국군이 베라크루스에 상륙하고 여세를 몰아 9월 14일 수도 멕시코시티를 함락시켰다. 양국은 강화협상에 나서 1848년 2월 과달루페 이달고(Guadalupe Hidalgo, 멕시코의 지명) 조약을 체결했다. 이 조약으로 미국은 캘리포니아, 네바다, 유타, 애리조나, 콜로라도, 뉴멕시코 등 무려 300만km²에 달하는 땅을 양도받았다. 미국이 이 땅값으로 멕시코에 지불한 대금은 1,825만 달러에 불과했다. 그 이듬해인 1849년에는 새로 미국 땅으로 편입된 캘리포니아에서 엄청난 금광이 발견되어 서부 개척의 절정기를 맞았다. 두 나라의 국운은 이렇게 갈렸다.

▶▶▶ 미국-스페인 전쟁

쿠바는 빼어난 자연경관과 사철 온화한 기후, 비옥한 땅, 거기에 니켈, 망간, 크롬 등 풍부한 지하자원을 가진 섬나라이다. 일찌감치 스페인 정복자들이 점령하여 식민지배의 전초기지로 삼았다. 스페인 본국과 신대륙을 연결하는 길목에 위치한데다가 카리브해 전역을 통제할 수 있는 전략적 요충지이기도 하여, 스페인은 이곳에 따로 총독청을 두어 다스렸다. 다른 라틴아메리카 국가들이 19세기 초 대부분 독립한 뒤에도 쿠바는 스페인의 지배에서 벗어나지 못하고 있었다.

스페인으로서는 신대륙 식민지배 최후의 보루이자 저물어가는 제국에서 마지막으로 움켜쥐고 있던 자존심, 그곳이 쿠바였다. 그러나 19세기 후반에 들어서면서 쿠바에서도 저항운동이 거세게 일어나기 시작했다. 1868년에 최초의 무장반란이 일어나 독립의 불씨를 당겼고, 1895년 호세 마르띠(José Martí)가 이끄는 독립전쟁이 시작되었다. 그해 7월, 혁명군은 쿠바의 독립을 선언했지만 스페인군은 독립운동을 대대적으로 탄압하고 이에 가담한 사람들을 사살하거나 처형했다.

독립운동 지도자 호세 마르띠도 스페인군과의 교전중에 사망했다. 그는 시인이자 혁명가로서 오늘날까지 쿠바의 독립영웅으로 추앙받고 있다.

한편, 미국은 오래전부터 쿠바를 주시하고 있었다. 한때는 프랑스로부터 땅값을 주고 매입한 루이지애나의 예를 좇아 쿠바 땅을 스페인으로부터 사들이려고 시도하기도 했다. 호세 마르띠의 독립운동도 배후에서 재정적으로 지원해 주었다. 때가 무르익었음인가, 1898년 벽두에 미국과 스페인의 충돌을 부르는 세기의 사건이 터졌다. 그해 1월, 아바나에서 친스페인파 쿠바인들에 의해 작은 소요가 발생하였다. 이 소요로 인해 아바나에 거주하는 미국인들이 직접 피해를 입지는 않았지만, 미국은 미국인의 생명과 안전을 지킨다는 명분으로 미 해군을 파견하기로 했다.

1월 25일 미 해군 순양함 메인(Maine)호가 아바나에 도착했다. 그런데 2월 15일 저녁 아바나 항에 정박해 있던 메인호에서 원인 모를 대폭발이 일어났다. 배는 곧 침몰했고 타고 있던 미 해군 266명이 사망했다. 미국과 스페인은 각각 사고 원인을 조사하였으나 결론은 서로 달랐다. 스페인은 함정 내부에서 야기된 폭발이라고 추정한 반면, 미국은 외부에서 기뢰 공격을 받았으며 이는 스페인군의 소행이라고 주장했다. 미국 언론은 사건의 진상을 밝히기보다는 연일 스페인 비방기사를 보도하며 국민들의 적개심을 부추겼다.

1898년 4월 미국은 스페인에 최후 통첩을 보내, 쿠바에서 스페인

▲ 쿠바 독립영웅 호세
마르띠 기념관

▼ 메인호 폭발 장면
(상상도)

군을 철수시키고 쿠바의 독립을 보장하라고 요구했다. 스페인은 이를 거부하고 미국에 선전포고를 했다. 미국은 기다렸다는 듯이 군대를 출동시켰다. 막상 교전이 벌어지자 스페인은 미국의 상대가 되지 못했다. 그야말로 이빨 빠진 늙은 사자에 불과했다. 미국은 압도적인 전력 우위 속에 '달빛 아래의 피크닉'처럼 손쉬운 승리를 거두었다.

미국은 전선을 확대했다. 조지 듀이 제독이 이끄는 미국 동양함대는 스페인 점령하에 있던 필리핀을 공격하여 여기서도 스페인을 굴복시켰다. 결국 쿠바와 필리핀에서 대패한 스페인은 미국과 강화에 나섰고, 1898년 12월 파리강화조약이 체결되었다. 스페인은 쿠바에 대한 주권을 포기하고 미국의 필리핀 점령을 인정하며, 괌과 푸에르토리코를 미국에 할양하였다. 이로써 400년 가까이 지속되었던 스페인의 쿠바 통치는 막을 내리고, 미국의 패권이 그 자리를 대신하게 되었다.

8. 라틴아메리카 정치 지형 형성

▶▶▶ 대(大)콜롬비아 연방과 볼리바르의 꿈

라틴아메리카 독립전쟁과 그 후 라틴아메리카의 정체성을 확립해 나가는 과정에서 가장 뚜렷한 족적을 남긴 인물 한 사람을 꼽으라면 단연 시몬 볼리바르(Simón Bolívar)일 것이다. 그는 남미 대륙이 하나로 통일되는 원대한 꿈을 갖고 이를 실현시키기 위해 노심초사한 인물이다.

1821년 대콜롬비아 연방이 출범함으로써 그의 꿈은 첫 단추가 꿰어졌다. 적어도 옛 누에바 그라나다 부왕령에 해당하는 남미 북부지역을 하나로 통일했고, 나아가 페루와 볼리비아도 그의 힘으로 해방시킨 터라 더 넓은 권역을 아우르는 통일국가를 만드는 것도 가능해 보였다. 하지만 거기까지였다. 볼리바르는 1826년 파나마에서 열린 동맹회의에서 '범아메리카주의'를 주창하며 라틴아메리카의 화해와 통일을 위해 함께 행동할 것을 호소했다. 그러나

▲ 시몬 볼리바르의 카라카스 입성
▼ 대콜롬비아 연방

별다른 성과는 없었다. 대콜롬비아 연방 내부에서도 균열 조짐이 드러나기 시작했다.

우선 연방 각 지역이 안데스의 험준한 산악지형으로 격리되어 있어 원활한 소통을 이룰 수가 없었다. 노예제 폐지를 포함한 경제·사회정책에 대해서도 각 지역의 의견이 첨예하게 갈렸다. 각 지역을 대표하는 까우디요들은 서로 정치적 욕심을 노골적으로 드러냈고 볼리바르의 독주를 못마땅해하며 반발하기도 했다.

이에 더하여 라틴아메리카에 강력한 통합국가가 생기는 것을 원치 않았던 미국의 분열정책이 가세했다. 결국 1830년 볼리바르가 46세를 일기로 사망하면서 라틴아메리카 통합의 꿈은 무산되고 말았다. 대콜롬비아 연방도 볼리바르라는 구심점이 사라지자 결속력을 잃고 1831년 콜롬비아, 베네수엘라, 에콰도르 세 나라로 분리되었다.

대콜롬비아 연방은 짧은 기간 존속되었지만 중앙집권적 제도를 갖추고 진보적 사회정책을 추구했다. 노예제를 점진적으로 폐지해 나가고 원주민에게는 공납 의무를 면제해 주었다.

또한 원주민의 공유지를 분할하여 일부 토지의 사유를 허용하고, 수도원의 재산을 몰수하여 그 재원으로 초중등교육 기반을 확대하고자 하였다. 연방이 좀 더 오래 지속되었더라면 원주민의 삶의 질도 나아지고 사회통합이 훨씬 앞당겨졌을지도 모를 일이다.

▶▶▶ 중미연방의 성립과 해체

　스페인 식민통치시대 중앙아메리카는 누에바 에스빠냐 부왕청 아래 과테말라 총독청이 관할하던 지역이었다. 이 지역은 땅이 넓지 않고 금, 은이 나는 곳도 아니어서 스페인의 관심을 끌지 못했다. 따라서 경제적·문화적으로 매우 열악한 환경에 처해 있었다.

　1822년 스페인으로부터 막 독립한 멕시코의 이투르비데 황제는 군대를 파견하여 중앙아메리카 지역을 멕시코에 통합시켰다. 그러나 이듬해 멕시코에서 산타 안나 장군이 주도한 공화혁명이 일어나 이투르비데 황제가 퇴위하고, 공화정부 내에서도 중앙집권주의파와 연방주의파가 대립하여 정정 불안이 계속되었다.

　이를 틈타 중앙아메리카 각지의 지배 엘리트들은 멕시코로부터 독립하여 중앙아메리카 연방을 결성할 것을 공식 선언했다. 연방은 1823년 7월 과테말라, 온두라스, 니카라과, 엘살바도르, 코스타리카 등 5개국이 참여하여 중앙아메리카 연합주(聯合州)라는 이름으로 결성되었다. 1824년에는 국명을 중앙아메리카연방공화국(República Federál de Centroamérica)으로 바꾸었다. 수도는 과테말라시티에 두었으나 1834년에는 산살바도르로 옮겼다.

　연방은 결성된 지 얼마 지나지 않아 흔들리기 시작했다. 애초부터 민족 구성이나 문화, 풍습이 달랐던데다가 멕시코의 정정 불안을 틈타 급조되었던 터라 이념도, 제도도 취약했다. 볼리바르와 같은 카리스마를 갖춘 지도자도 없었다. 더욱이 연방헌법이 각 지역의 자율권 행사를 제약하는 중앙집권적 제도를 채택한 것을 두고 자유주의자들이 강하게 반발하였다. 결국 1836년 내전을 거치면서 연방은 와해되었다.

중미연방 문장

1838년 니카라과가 연방 탈퇴를 선언한 것을 시작으로 온두라스, 코스타리카, 과테말라가 차례로 연방을 탈퇴했다. 1841년 마지막으로 엘살바도르가 독립공화국을 선포함으로써 중앙아메리카 연방은 공식적으로 해체되었다. 19세기 후반에 중앙아메리카의 맹주를 자처했던 과테말라가 주도하여 연방을 재건하려는 시도가 몇 차례 있었으나 무위로 돌아갔다.

▶▶▶ 운하의 땅, 파나마 독립

파나마는 1719년부터 누에바 그라나다 부왕청 관할지역으로 들어갔으며, 이후 여러 차례 명칭이 변했다. 처음엔 까스띠야 델 오로(Castilla del Oro)로 불리다가 다음에는 다리엔(Darién)으로, 나중에

▲ 파나마 운하 공사 광경   ▼ 파나마 운하 확장 개통(2016년 6월)

는 파나마(Panama)로 바뀌어 오늘에 이른다. 명칭 변천 못지않게 독립운동 과정도 파란만장하다. 파나마는 1820년 8월 일어난 주민 시위가 독립운동으로 확대되면서 스페인으로부터 부분적인 자치를 보장받았다. 이에 고무된 자치주의자들이 다시 독립 투쟁을 전개하여 1821년 11월 독립을 선언했다.

그러나 곧바로 시몬 볼리바르가 건국한 대콜롬비아 연방에 통합되었다. 대콜롬비아 연방이 해체된 직후인 1831년 다시 분리 독립을 선언하였으나, 콜롬비아가 군대를 파병하여 이를 진압하였다.

1840년 다시 분리운동을 전개한 끝에 토마스 에레라(Tomas Herrera)
가 독립을 선언하여 13개월 동안 지협국가로 지속되다가 다시 콜
롬비아에 통합되었다.

　역사적으로 늘 콜롬비아에 속하거나 그 영향권 내에 있었지만,
지리적으로 보고타에서 멀리 떨어져 있는데다가 정책 수혜면에서
차별이 심했던 까닭에 자치와 독립을 요구하는 목소리가 계속되어
온 것이다.

　한편, 중미-카리브 지역에서 영국이 영향력을 확대해 나가는

것을 우려한 미국은 1846년 콜롬비아 정부와 비들랙-마야리노 (Bidlack-Mallarino) 조약을 체결하였다. 이는 파나마 지협에서 콜롬비아의 주권을 보장하는 대신 향후 운하가 건설될 경우 미국 선박들의 자유 통행을 보장받는 내용이었다. 이로써 미국은 파나마 지역에 개입할 수 있는 계기를 마련하였다.

이어서 1848년 콜롬비아 정부는 미국 금융업자들에게 파나마 지협을 횡단하는 철도 건설을 허가하였고, 미국 회사는 4년간의 공사 끝에 1855년 48마일의 횡단철도를 개통하였다. 그 사이 파나마에는 미국인 거주자가 크게 늘어났고, 그들과 파나마 주민 간의 갈등과 충돌도 빈번하게 일어났다. 소요사태가 잦아지자 미국은 자국민의 생명과 재산을 보호한다는 명분으로 여러 차례 미군을 파병했다.

이 무렵부터 미국은 군사 및 경제적 필요성을 인식하고 대서양과 태평양을 연결하는 운하 건설에 관심을 갖기 시작했다. 1878년 콜롬비아 정부는 수에즈 운하를 건설했던 프랑스인 레셉스(Lesseps)와 파나마 운하 건설 계약을 체결했다. 그러나 이 운하는 수에즈 운하와는 달리 중앙부의 지대가 높아 난공사인데다가 많은 갑문을 설치하여 수위를 조절해야 하는 어려움이 있었다.

여기에 풍토병인 황열병과 말라리아로 인해 인부들의 희생이 잇따르고 프랑스 회사의 재정난까지 겹쳐 공정이 절반 정도 진척되었을 즈음인 1889년 공사가 중단되고 말았다. 미국은 1898년 스페인과 전쟁을 치르면서 군사전략적 측면에서 중미 지역 운하의 필요성을 절감하게 되었고, 때마침 공사 중단상태에 있던 파나마 운하에 눈독을 들이고 공사권 인수에 나섰다.

미국은 프랑스 운하 회사와 줄다리기 끝에 4천만 달러에 공사권을 인수하고, 이어서 콜롬비아 정부와 협상에 나서 1903년 1월 헤이-에란(Hay-Herrán) 조약을 체결하였다. 이 조약 내용은 운하가 건설될 구간의 폭 10마일 이내 지역을 미국에 영구히 임대하고, 미국은 그 대가로 99년간의 조차비(租借費)와 운하지대 관리비로 1천만 달러를 지불하는 외에 운하 건설 후에는 연간 25만 달러의 임대료를 별도 지불한다는 것이었다.

그러나 콜롬비아 상원이 이 조약의 비준을 거부하면서 사태는 예상치 못한 방향으로 흘러갔다. 이미 운하 건설 의지를 굳히고 있던 미국은 콜롬비아 정부에 대한 파나마 주민들의 오랜 불만과 독립 열망을 이용하여 문제를 해결하기로 했다.

1903년 11월 파나마 지협에서 미국이 배후 조종한 독립운동이 일어났다. 이에 콜롬비아는 즉시 진압군을 파견했지만, 미국은 파나마 지협의 안전을 보장한다는 명분으로 전함 내슈빌호를 동원하여 콜롬비아군의 파나마 상륙을 저지했다. 이로써 파나마는 숙원이던 콜롬비아로부터의 독립을 손쉽게 이루어 냈다.

중미 지역에 운하를 확보하고자 하는 미국의 의지가 없었더라면 파나마의 독립은 훨씬 뒷날의 일이 되었을 것이다. 미국은 1903년 신생 파나마 정부와 헤이-뷔노-바리야(Hay-Bunau-Varilla) 조약을 체결하여 운하 지역을 영구 임대받기로 하고 바로 공사에 착수하였다. 그리하여 파나마 운하는 1914년 8월에 완공되었다. 미국은

파나마와 니카라과의 운하 경쟁

미국은 스페인과의 전쟁을 끝낸 직후인 1900년부터 중미 지역 운하 건설을 검토하기 시작했다. 구체적인 입지 선정을 위해 미 의회에 워커 위원회(Walker Commission)가 설치되었다. 미국은 먼저 공사 중단 상태에 있던 파나마 운하에 주목하여 공사권을 갖고 있던 프랑스 회사와 협상에 나섰다. 프랑스 회사는 자산과 이권 양도 대가로 1억9백만 달러를 요구했다.

그러나 워커위원회는 이 요구가 터무니없다고 판단하고, 여기에 공사에 따르는 기술적 조건까지 고려한 끝에 파나마 대신 니카라과를 운하 건설 적지로 결정하였다. 이에 다급해진 프랑스 회사는 미 의회를 상대로 물밑 로비에 나섰다. 니카라과는 화산지대라 건설 이후에도 운하의 안전을 보장할 수 없다는 점을 강조하면서, 파나마 운하 공사권 양도 대금도 대폭 내릴 용의가 있음을 시사하였다. 때마침 1902년 카리브해의 수프리에르 화산이 폭발하면서 사태가 반전되었다.

프랑스 회사는 미 의원들에게 화산이 도안된 니카라과 우표를 배부하여 화산 폭발에 대한 우려를 부추기고 마음을 돌리게 했다는 뒷이야기도 있다. 결국 미 의회는 스푸너 수정안(Spuner Amendment)을 통과시켜 워커 위원회의 결정을 무효화하고 파나마 운하 공사권 인수를 위한 재협상에 나서게 된다.

그로부터 100년의 세월이 흐른 후 파나마와 니카라과는 다시 운하 경쟁에 돌입했다. 파나마는 운하의 경쟁력을 높이기 위해 2006년 수로를 넓

니카라과 운하 경로

히고 제3갑문을 설치하는 운하 확장공사에 착수하여 9년간의 공사 끝에 2016년 6월 운하를 확장 개통하였다. 이에 맞서 니카라과는 중국 자본을 끌어들여 수심(22m), 갑문 너비(64m), 도크 길이(466m), 통과 선박 총중량 (250만 톤) 등 모든 면에서 파나마 운하의 운송 능력을 훨씬 뛰어넘는 규모로 니카라과 운하 건설을 추진하고 있다.

총사업비 500억 달러에 달하는 이 프로젝트를 위해 니카라과 정부는 중국 투자사 왕싱(王靖)과 합작으로 홍콩니카라과개발공사(HKND)를 설립하고 2014년 12월 공사에 착수하였다. 2020년 완공 예정인 이 운하가 건설되면 태평양과 대서양을 오가는 물동량의 운송 판도가 완전히 달라질 것이다. 파나마와 니카라과의 운하전쟁이 제2라운드에 접어든 셈이다.

운하 지역에서 치외법권을 행사하면서 사실상 미국의 식민지처럼 관리해 오다가 1999년 12월 31일에 이르러서야 운하 운영권을 파나마에 반환하였다.

▶▶▶ 완충국의 탄생, 우루과이

우루과이는 라플라타 강 동쪽, 예부터 반다 오리엔탈(Banda Oriental)이라고 불리던 평원지역에 자리잡고 있다. 1516년 스페인의 탐험가 솔리스(Juan Díaz de Solís)가 이곳에 도착했으나 원주민들의 저항이 거세고 금, 은도 발견되지 않아 곧 물러났다.

그후 오랫동안 스페인의 관심 밖에 있다가 1624년에 이르러서야 스페인인들이 이주해 들어왔다. 1680년에는 포르투갈인이 브라질에서 이주해 와 사크라멘토에서 식민지를 열었고(이곳이 Colonia de Sacramento이며 세계문화유산도시로 지정되어 있다), 이에 맞서 스페인은 1726년 몬테비데오를 건설하였다. 이 지역의 영유권을 둘러싼 스페인과 포르투갈의 싸움은 1777년 포르투갈이 스페인의 주권을 승인함으로써 일단락되었다.

리오 데 라플라타 부왕령에 속해 있던 이 지역에서도 1811년 독립운동이 시작되었다. 이 독립운동을 이끈 인물이 호세 아르띠가스(José Artigas)이며, 그는 1812년 우루과이 대부분의 지역을 장악했다. 1813년에는 부에노스아이레스에서 개최된 리오 데 라플라타 평의회에 대표단을 파견해 우루과이 자치정부 수립을 승인해 줄 것을 요구했으나 아르헨티나는 이를 거부했다. 아르띠가스가 느슨한 연방제 형태의 독립국가를 만들려고 한 반면, 아르헨티나는 옛 리오 데 라플라타 전 지역을 아우르는 강력한 중앙집권 정부를 구성하고자 했던 것이다.

한편, 아르띠가스는 1816년 브라질에서 침공해 온 1만 명의 포르투갈군에 패배하여 몬테비데오를 내어주고 퇴각하였다. 그 후 재기를 모색하며 투쟁을 계속하였지만 우루과이 독립의 꿈을 이루지 못하고 1820년 파라과이로 망명하였다. 포르투갈은 1821년 우루과이를 시스플라티나(Cisplatina) 주로 명명하고 포르투갈령 브라질에 합병시켰다. 이 땅은 다시 1822년 브라질이 포르투갈로부터 독립하면서 브라질에 합병되었다.

그러나 우루과이인들의 독립 열망은 사그러들지 않았다. 1825년 아르띠가스의 부하였던 라바예하(Juan A. La valleja) 장군을 비롯한 33인의 애국지사가 아르헨티나의 지원을 받아 브라질 병영을 습격한 것을 시작으로 전국적인 저항운동이 일어났다. 이제 우루과이를 사이에 두고 아르헨티나와 브라질이 날카롭게 대치하는 양상이 계속되었다.

어느 쪽도 절대적 우위를 보이지 못한 채 소모적인 전투로 지쳐갈 즈음에 영국이 중재에 나섰다. 영국도 이 지역에 강력한 패권국가가 등장하는 것을 원치 않았기 때문에 완충국가 창설을 제안한

우루과이의 국부(國父), 호세 아르띠가스

호세 아르띠가스는 1764년 몬테비데오에서 태어났다. 부유한 스페인 이민자 집안의 자제였던 그는 가문 소유의 농장에서 가우초(남미 초원의 카우보이)들과 어울리며 자랐다. 성장기의 이 경험은 훗날 그가 독립전쟁을 벌일 때 그가 이끌던 부대의 주력이 가우초 출신들이었던 배경이 된다. 당시는 포격에 이은 기마병의 돌격이 주된 전술이었던 시대이다. 따라서 말을 자유자재로 다루는 가우초들은 즉시 기마병단에 투입하여 활용할 수 있는 훌륭한 전투 자원이었던 것이다.

아르띠가스는 1797년 34세 때 스페인군에 입대하여 장교로 복무하기도 했으나 곧 뛰쳐나와 독립전쟁을 이끌었다. 1820년 파라과이로 망명한 이후에는 끝내 독립국가가 된 우루과이로 돌아오지 못하고 1850년 86세를 일기로 망명지 파라과이에서 생을 마감했다. 비록 아르띠가스의 독립투쟁은 미완에 그쳤지만 그는 국민들의 마음속에서 부활하여 오늘날까지 우루과이의 국부로 추앙받고 있다.

몬테비데오의 독립광장(Plaza Independencia) 한가운데에는 거대한 대리석 기단 위에 아르띠가스의 기마상이 위풍당당하게 서 있는데, 이곳은 우루과이 제1의 성소(聖所)이다. 현충원을 따로 두고 있지 않은 우루과이에서는 이곳이 공식 현충탑이다. 외교사절이 부임하거나 국빈이 방문하면 반드시 여기서 추념을 하고, 국가적 행사를 치를 때도 이곳에서 추념을 한 후 다른 일정을 시작한다. 이 기마상 아래에는 지하 기념관이 있으며, 이곳에 그의 유해가 안치되어 있다.

▲ 몬테비데오 독립광장   ▼ 가우초

것이다. 이를 받아들인 아르헨티나와 브라질 양국은 1828년 영국의 중재 하에 우루과이 영토 불가침을 내용으로 하는 몬테비데오 조약을 체결하였고, 이에 따라 완충국 우루과이는 1828년 10월 독립을 성취하였다.

▶▶▶ 변방의 식민지역, 기아나

남미 대륙 북동부에 세인의 관심에서 벗어나 있는 광활한 땅이 있다. 바로 베네수엘라와 브라질 사이에 있는 열대우림지대인 기아나(Guiana)이다.

아득한 옛날 아마존 유역과 카리브해 섬으로부터 원주민들이 이주해 와서 원시생활을 하던 곳이다. 유럽인으로서는 1500년 스페인 탐험대가 기아나 해안을 최초로 탐험한 것으로 기록되어 있다. 17세기에 들어와서는 프랑스, 네덜란드, 영국이 이 땅에 눈독을 들여 앞다투어 진출했다.

그들은 황금이 지천으로 널려 있다는 전설 속의 엘도라도를 찾아왔던 것이다. 이 지역은 북부는 해안평야, 중부는 구릉지대, 남부는 고원으로 형성되어 있다. 쌀, 커피, 코코아, 바나나, 사탕수수 등 작물을 주로 재배하며, 세계적인 보크사이트 산지이기도 하다. 오늘날 이 지역은 가이아나, 수리남 등 2개 독립국가와 프랑스령 기아나로 나뉘어져 있다.

= 가이아나(Guyana)

가장 북쪽으로 베네수엘라와 국경을 맞대고 있는 나라가 가이아나이다. 이곳은 1581년부터 네덜란드 식민지가 되었으며, 네덜란드 서인도회사가 사실상 통치해 왔다. 1831년에 영국이 네덜란드로부터 이 지역을 매입함에 따라 영국령 기아나(British Guiana)가 되어 영연방에 편입되었다.

이후 1966년 5월에 독립하여 가이아나라는 이름을 갖게 되었다. 정식 국호는 가이아나협동공화국(Cooperative Republic of Guyana)이며 수도는 조지타운이다. 여러 인종이 복잡하게 얽혀 있는 다인종 국가로서 특히 인도계와 아프리카계 간의 갈등이 심하다. 서방국가들과는 비교적 우호적인 관계를 유지하고 있다.

= 수리남(Suriname)

기아나 지역의 중앙에 위치한 나라가 수리남이다. 이 땅을 두고 영국과 네덜란드가 싸우다가 1815년 파리 조약을 통해 네덜란드령으로 확정되었다. 1954년에는 네덜란드령 자치국의 지위로 격상되었고, 이어서 1975년 11월 네덜란드로부터 독립하였다. 국호는 수리남공화국(Republic of Suriname)이며 수도는 파라마리보(Paramaribo)이다. 네덜란드어를 공용어로 쓰고 있으며, 역시 다인종 국가이다. 원주민인 부시니그로, 아프리카 흑인, 인도파키스탄계, 인도네시아계, 중국계, 유럽계 등이 섞여 살고 있다. 쌀, 커피, 코코아를 주로 재배하며 금, 보크사이트, 니켈, 구리 등 광물자원이 풍부하다.

▲ 기아나 3국 지도
▼ 영화 '빠삐용' 포스터

= 프랑스령 기아나(French Guiana)

가장 남쪽으로 브라질과 접하고 있는 지역은 프랑스령 기아나이다. 1667년부터 프랑스령이 되었으며 1853년 금이 발견된 이후 본격적인 식민사업이 시작되었다. 이 무렵부터 100여 년간 프랑스 본토의 중죄인을 수용하는 유형지(流刑地)로도 쓰였다.

스티브 맥퀸과 더스틴 호프만이 출연한 영화 '빠삐용'의 실제 배경이었던 곳이다. 1974년에 정식으로 프랑스의 해외주(海外州)가 되었으며, 중심도시는 카옌(Cayenne)이다. 프랑스어를 쓰고 유로화를 사용하며, 역시 다인종 사회이다. 1964년 이곳에 프랑스 국립 우주센터가 건설되면서 경제가 아연 활력을 찾게 되었다.

9. 국경 지도를 바꾼 전쟁

19세기 초 스페인의 식민지배가 끝나고 대부분의 라틴아메리카 국가가 독립했을 무렵, 각국의 영역은 큰 틀에서 보아 지금과 별 차이가 없었다. 그러나 19세기가 저물기 전에 여러 나라가 개입된 큰 규모의 지역분쟁이 몇 차례 일어났고, 그 결과 독립 당시의 국경에도 상당한 변화가 뒤따르게 되었다. 그중 국제전의 양상을 띠었던 대표적인 몇몇 전쟁을 살펴보기로 하자.

▶▶▶ 3국연합전쟁(Guerra de la Triple Alianza)

브라질, 아르헨티나, 우루과이 3국이 동맹을 맺고 파라과이와 싸운 전쟁(1864~1870)으로, 파라과이전쟁이라고도 한다. 파라과이는 지정학적으로 내륙에 고립되어 있으며 브라질, 아르헨티나의 틈바구니에 끼어 있어 이들 강대국의 침공에 대비하기 위한 방편으로 강력한 독재정권이 계속되어 온 나라이다. 1814년 독립국가의 초대 정부수반을 맡은 프란시아(Francia)는 강력한 1인 통치체제를 굳히고 1840년까지 철저한 쇄국정책을 펼쳤다.

그 뒤를 이어 1844년 대통령에 취임한 안토니오 로페스(Antonio Lopez)는 군부를 개편하여 국방력을 강화하고 외교 · 경제 분야에서도 큰 업적을 남겼다. 1862년 안토니오 로페스가 사망하자 그의 아들 솔라노 로페스(Solano Lopez)가 대통령직을 이었다. 그 또한 군대를 증강하고 현대화해 파라과이를 군사대국으로 성장시켰다. 그러나 자신감이 넘쳤던 탓일까, 1864년 이웃 나라의 내부 정세에 과도하게 개입하면서 화를 자초했다.

옛 라플라타 부왕청 관할지역이었던 아르헨티나, 우루과이, 파라과이는 19세기 초 각각 독립한 이후에도 정치체제와 이념에 따라 국경을 넘어 정파 간에 끈끈한 연대가 이루어지고 있었다.

우선 아르헨티나는 부에노스아이레스를 중심으로 하는 중앙집권주의자와 지방분권을 지향하는 연방주의자들이 주도권 경쟁을 벌이고 있었다. 우루과이는 농촌 지주계급을 기반으로 하는 백당(白黨, Partido Blanco)과 도시 중산층을 지지기반으로 하는 자유주의자 그룹인 홍당(紅黨, Partido Colorado)이 대립하고 있었다.

파라과이는 아르헨티나의 연방주의자 및 우루과이의 백당과 노선을 같이 하는 쪽이었다. 1864년 우루과이에서 홍당이 집권하면서 내란이 발생하자 브라질이 함대를 파견하여 우루과이 사태에 개입하였다. 이에 파라과이가 브라질의 개입을 경고하면서 브라질과 외교관계를 단절하였다. 파라과이는 한발 더 나아가 브라질 선박이 파라나 강과 우루과이 강을 항해하는 것을 금지하고 1864년 11월 브라질 함정 올린다호를 나포하였다. 이어서 12월에 파라과이는 브라질에 선전포고를 하고 브라질의 마투그로수(Matto Grosso)를 침공하였다.

이듬해 1월에는 브라질 리오그란지두술 주 침공을 위해 파라과이 군대가 아르헨티나 땅을 통과할 수 있도록 허용해 줄 것을 요청했으나 아르헨티나는 이를 거부했다. 이에 파라과이는 1865년 3월 아르헨티나에도 선전포고를 하였다. 위기를 느낀 브라질, 아르헨티나, 우루과이는 1865년 3월 3국동맹 조약을 맺고, 파라과이의 솔라노 로페스 체제가 붕괴할 때까지 전쟁을 수행하기로 결의하였다.

개전 초기 파라과이는 병력(兵力)과 화기(火器) 모두 3국 연합의 총 전력보다 우세했고 일시적으로 승세를 잡기도 했다. 그러나 6월 리아추엘로 해전에서 패배하면서 전세가 급격히 기울었다. 1869년에는 3국 연합군이 아순시온을 점령했다.

솔라노 로페스는 북부 산악지대로 퇴각하여 계속 항전하다가 전사하고, 1870년 3월 전쟁은 끝났다. 패전의 결과는 혹독했다. 아순시온에 입성한 브라질군은 파라과이 군·민을 무자비하게 살육했다. 부녀자와 청소년까지 포함된 무고한 생명들이 희생되었다. 인구 절반이 목숨을 잃어 종전 후 남녀 성비가 1 : 4가 되었을 정도였다.

리아추엘로 해전

  전쟁 배상금으로 1,900만 페소를 부담했지만, 그것보다는 영토
의 상실이 더 뼈아팠다. 국토의 남부는 아르헨티나에, 동부는 브라
질에 할양하여 전쟁 전 국토면적의 40%에 해당하는 155,400km²의
땅을 잃었다. 전쟁 전 파라과이 땅이었던 이구아수 폭포 일대도 브
라질, 아르헨티나와의 접경이 되고 말았다.

  산업기반도 완전히 파괴되어 경제가 파탄상태에 이르렀고, 소비
재 부족으로 온 국민이 고통을 겪었다. 그 후유증은 오늘날까지 이
어져 파라과이는 국가경쟁력을 회복하지 못하고 남미에서도 가장
낙후된 신세를 면치 못하고 있다. 지도자의 자만과 오판이 국가와
국민을 나락으로 떨어뜨릴 수 있음을 극명하게 보여 준 사례이다.

이구아수 폭포

▶▶▶ 태평양전쟁(Guerra del Pacífico)

화학비료가 개발되기 전에는 자연에서 얻을 수 있는 초석(질산나트륨)과 조류의 배설물인 구아노(guano)가 화약과 비료의 주원료로 쓰였고, 따라서 경제적 가치가 매우 높았다.

남미 대륙 서부, 안데스 산맥 서쪽 태평양 연안 일대는 19세기 중반부터 초석과 구아노의 매장지로 주목을 받으면서 여러 차례 분쟁에 휘말렸다. 스페인은 페루의 구아노 산지를 장악하려 들었고, 이에 1865년 페루와 칠레는 동맹을 맺어 대항했다. 결국 1866년 스페인은 이곳에서 철수하였으나, 이번에는 아따까마 사막에 매장된 광물자원을 두고 칠레와 볼리비아 간의 갈등이 고조되기 시작

아따까마 사막

했다. 원래 아따까마 사막지역은 경계가 모호하긴 했지만 대체로
볼리비아 영토로 간주되었던 곳이다.

그런데 1866년 여기서 초석이 발견되면서 광산 개발을 위해 이
곳으로 많은 칠레인들이 이주해 오기 시작했다. 이로 인해 지역 거
점 도시 안또파가스따(Antofagasta) 시의 경우 볼리비아인보다 칠레
인의 숫자가 훨씬 많아지는 지경에 이르렀다. 볼리비아로서는 자국
의 광물자원을 보호하기 위한 분명한 조치가 필요해졌다. 1866년
볼리비아는 칠레와 경계선 조약을 맺어 아따까마 사막에서의 국경
을 남위 24도선으로 하되, 남위 23~25도 사이 지역에서는 양국의
모든 기업이 광산 개발을 할 수 있도록 했다.

이 조약에 따라 볼리비아 영토 내에서 초석을 채굴하던 칠레 회사인 안또파가스따 초석·철도회사(Companía de Salitres y Ferrocarril de Antofagasta)가 1873년 11월 그동안 초석을 채굴한 것에 대한 대가로 15년간 세금을 납부하기로 하는 계약을 볼리비아 정부와 체결하였다. 하지만 향후 칠레와 더 유리하게 협상할 여지가 있다고 본 볼리비아 의회가 이 계약의 승인을 거부하였는데, 이것이 후일 분쟁의 불씨가 되었다.

한편, 볼리비아는 1873년 페루와 비밀리에 상호방위 군사동맹을 체결하였다. 그리고 이듬해인 1874년 칠레와 새로운 국경조약을 체결하게 되는데, 이 조약에는 볼리비아 영토 내에 체류하는 칠레인의 재산에 대해 향후 25년 동안 새로운 세금을 부과하지 않는다는 조항이 포함되어 있었다.

이로 인해 1873년에 체결되었던 CSFA사의 계약문제가 다시 쟁점으로 떠올랐다. 볼리비아 정부는 이전의 계약이 의회 승인을 받지 못해 효력이 상실되었으므로 새로 세금 납부계약을 체결해야 한다고 주장했다. 반면에 칠레 정부는 1874년 맺어진 새로운 국경조약을 들어, 칠레 기업에 부과하는 어떠한 세금도 인정할 수 없다고 맞섰다. 칠레가 강하게 반발한 배후에는 영국이 있었다. 이 지역에서 초석을 채굴하던 칠레 광산회사는 대부분 영국인이 실소유주였다.

계속 세금 납부를 강요해도 칠레 광산회사가 이에 응하지 않자 볼리비아 정부는 1879년 2월 실력 제재에 들어가 광산시설을 압류, 몰수하였고, 이에 칠레는 즉각 자국민의 안전과 재산을 보호한다는 명분으로 출병하여 안또파가스따를 점령하였다. 이어서 1879년

4월 칠레가 정식으로 선전포고를 하면서 태평양전쟁이 발발했다. 페루는 1873년에 볼리비아와 맺은 군사동맹을 근거로 볼리비아 지지를 선언하고 참전했다.

개전 당시 볼리비아와 페루 동맹군의 병력이 칠레보다 우세했음에도 미국과 유럽의 개입, 동맹국 내부의 정치적 혼란 등으로 인해 전쟁은 쉽게 끝나지 않았다. 동맹군은 미국에서, 칠레는 유럽에서 무기를 사들였으며, 전쟁은 점차 영국, 프랑스, 이탈리아의 지원을 등에 업은 칠레의 우세로 기울기 시작했다.

칠레군은 북진하여 이끼께(Iquique), 따끄나(Tacna), 아리까(Arica)를 차례로 점령하고 페루의 까야오(Callao) 항을 봉쇄했다. 1880년까지 아따까마 사막을 넘어 서부 연안 일대를 완전히 장악한 후 1881년 1월에는 페루 수도 리마를 공략하여 점령했다. 전쟁은 칠레의 승리로 끝났다. 종전 후 1883년 10월 칠레는 페루와 안꼰(Ancón) 조약을 체결했다. 이 조약의 내용은 페루가 따라빠까 주를 칠레에 양도하고, 따끄나와 아리까 지역은 칠레가 10년 동안 통치한 후 주민투표를 실시하여 주민들이 최종적으로 귀속국가를 선택하도록 하는 것이었다.

그 후 칠레는 안꼰 조약에서 정한 기한을 넘겨 이 두 지역을 계속 통치하면서 주민투표를 미루어 오다가 1929년 양국이 협정을 맺어 따끄나는 페루에, 아리까는 칠레에 귀속시키는 것으로 합의하였다. 페루로서는 굴욕적이고 쓰라린 영토의 상실이었다. 볼리비아 또한 1884년 칠레와 맺은 강화협정으로 태평양 연안의 땅을 모두 잃고 내륙국가로 전락하고 말았다. 반면 칠레는 전쟁 전 국토면적의 1/3에 해당하는 방대한 안또파가스따 지역을 확보함으로써 국력 신장의 발판을 마련하게 되었다.

볼리비아와 칠레는 1904년에 평화우호조약을, 1905년에는 국경 조약을 각각 체결하여 양국 관계가 진정국면으로 들어섰다. 이후 칠레는 안또파가스따와 볼리비아의 라파스를 연결하는 철도를 건설하고, 안또파가스따에서 볼리비아인의 자유로운 상업활동을 허용하는 화해조치를 취했다.

그러나 볼리비아는 전쟁 전처럼 태평양으로 나갈 수 있는 진출구를 영구 회복하기를 염원했고, 이를 위한 대화를 칠레가 거부하자 1962년 칠레와 단교를 선언했다. 칠레에서 피노체트가 집권한 후 일시 국교가 재개되었지만 1978년 볼리비아는 다시 단교를 선언하여 오늘에 이르고 있다.

2006년 집권한 볼리비아의 에보 모랄레스 대통령은 태평양으로의 해양 진출권 확보를 최우선 외교정책 과제로 설정하여 칠레측에 대화에 응할 것을 집요하게 요구하고 있다. 한편으로 볼리비아는 2013년 이 문제를 국제사법재판소(ICJ)에 제소함으로써 국제적인 이슈로 쟁점화해 놓고 있다.

▶▶▶ 차꼬전쟁(Guerra del Chaco)

볼리비아와 파라과이의 접경에 위치한 광활한 황야지역인 그란 차꼬(Gran Chaco) 지방의 영유권을 둘러싸고 두 나라가 벌인 전쟁이다. 앞서 살펴보았듯이 볼리비아는 태평양전쟁 패전으로 안또파가스따 지방을 상실하면서 태평양으로의 출구가 막힌 채 내륙국이 되어 버렸다. 이에 볼리비아는 파라과이 강을 통해 대서양으로 나가는 새로운 진로를 개척하려고 했다.

그 경유지상에 면적이 26만km²에 달하는 광대한 그란 차꼬 지방이 가로놓여 있는 것이 걸림돌이었다. 이에 더하여, 이 일대에 막대한 석유자원이 부존되어 있을 가능성까지 제기되고 있었던 터라 양국의 이해 충돌은 불가피했다.

볼리비아는 스페인으로부터 독립한 이래 계속 볼리비아가 파라과이 강 동쪽 지방에 대한 관할권을 행사해 왔다고 주장한 반면, 파라과이는 이를 일축하였다. 양국은 1928년부터 수차례 군사요새를 뺏고 뺏기면서 국지전을 벌여 오다가 1932년 드디어 전면전에 돌입하였다.

개전 초기의 전력으로는 볼리비아가 절대 우세했다. 병력이 파라과이보다 2배 이상 많았고 미국 은행의 차관으로 구입한 무기도 월등했다. 하지만 군대의 사기면에서는 정반대였다. 원주민을 강제 징집하여 편성한 볼리비아군은 전투력이 없는 오합지졸이었던 반면, 파라과이군은 국토방위에 대한 사명감으로 뭉쳐 있었다.

3국연합전쟁에서 패하여 국토의 상당부분을 잃은 터라 파라과이 병사들에게는 더 이상 물러설 곳이 없다는 절박함이 있었던 것이다. 열대 저지대인 차꼬 지역의 기후와 지형도 파라과이에 유리했다. 파라과이군은 정글지대 전투에 익숙해 있었지만, 대부분 고산지대 출신들인 볼리비아군은 늪지와 정글에서 허우적거리며 독충과 풍토병으로 쓰러져 갔다.

3년을 끌어간 전쟁이 파라과이가 우세한 가운데 교착상태에 빠지자 주변 국가들이 중재에 나섰다. 아르헨티나, 브라질, 칠레, 페루, 우루과이, 미국 등 6개국이 평화회의를 주선하여 1938년 7월 부에노스아이레스에서 양국간 평화조약이 조인되었다.

이 전쟁에서 양측을 합쳐 10만 명 이상의 사상자가 발생하였지만 볼리비아군의 희생이 훨씬 컸다. 당초 분쟁의 발단이 되었던 차꼬 지방 대부분(18만km²)도 파라과이에 귀속되어 전쟁은 사실상 파라과이의 승리로 끝났다. 볼리비아는 겨우 파라과이 강으로 접근할 수 있는 회랑지대를 확보하였지만 막대한 희생을 치른 대가치고는 보잘것없는 수확에 불과하였다.

10. 격동의 근세사

　앞서 살펴보았듯이 라틴아메리카 각국은 대부분 19세기 초 식민 지배로부터 벗어나게 되었지만, 형식과 실질을 갖춘 독립국가로 나아가는 길은 멀고도 험난하였다. 우선 정치 · 행정 제도의 틀이 채 갖추어지지 않았고, 국민들의 의식이나 행태는 여전히 식민지 시절의 타성에 머물러 있었다. 경제기반이라고는 노동집약적인 농업과 광업 이외에는 내세울 게 없고, 그마저도 소수 세력가들이 장악하게 되어 대다수 서민들로서는 당장 먹고사는 문제를 해결하는 것이 시급했다. 새로운 지배엘리트와 피지배계층 간에는 불신의 골이 깊어지고 있었다. 먼로 독트린을 앞세운 미국이 몰고 오는 외세의 바람도 피해가기 어려웠다.

　일상의 삶이 고달픈 곳에서 사회 안정을 기대하기는 어려운 법이다. 곳곳에서 독재자가 나타났고(파라과이, 멕시코, 쿠바, 니카라과, 칠레, 아르헨티나), 군사정권도 유행처럼 번졌다(브라질 1964~1984, 우루과이

1973~1984). 스스로 멈추지 않는 독재는 결국 혁명을 불렀다(멕시코, 쿠바, 니카라과). 한편, 내전을 겪으며 수많은 사람들이 희생되기도 했다(과테말라, 콜롬비아). 영악한 권력자들은 포퓰리즘에 기대었다(아르헨티나, 베네수엘라). 내부의 불만을 잠재우기 위해 무모한 전쟁을 일으켜 국민과 나라를 위기로 내몰기도 했다(아르헨티나). 힘겨운 삶에 지친 민초들은 해방신학에서 의지처를 찾았다. 이제 험난했던 19~20세기를 하나하나 되짚어 보기로 하자.

▶▶▶ 독재의 시절

= 파라과이

파라과이는 1813년 독립을 선포하고, 독립운동 지도자였던 호세 가스파르 로드리게스 데 프란시아(José Gaspar Rodriguez de Francia)를 임기 5년의 정부수반으로 선출했다. 집권 초기 강력한 지도력을 발휘하여 신생 독립국가의 기초를 닦는 데 기여했던 프란시아는 1816년 총통(El Supremo)의 칭호를 부여받으면서 영구 집정자의 길을 걷는다. 그는 비밀경찰제도를 근간으로 전국 정보망을 구축하여 반체제 인사들을 투옥, 처형하거나 추방하고, 종교 목적 이외의 공공집회를 금지시켰다. 또 수도원을 폐지하고 재산을 몰수하여 교회를 무력화했으며, 새로운 사상의 침투를 막기 위해 국경을 봉쇄하고 외세를 배격하면서 철저한 고립, 쇄국정책을 펼쳤다.

그는 24년간 신생 파라과이를 통치하다가 1840년 9월 83세를 일기로 사망했다. 프란시아가 사망한 후 새로운 공화국 헌법에 따라 1844년 대통령에 오른 안토니오 로페스와 그의 아들 솔라노 로페스가 1870년까지 장기집권을 이어갔음은 앞서 살펴본 바와 같다.

훗날 파라과이에는 알프레도 스트로에스네르(Alfredo Stroessner)라는 또 한 명의 장기 독재자가 나타났다. 1954년 쿠데타를 일으켜 대통령에 오른 그는 미국의 지원을 받아 철저한 반공독재를 펼쳤고, 1989년 쿠데타로 축출될 때까지 여덟 차례나 대통령을 연임하면서 무려 35년간 권력을 누렸다. 파라과이의 근세사는 장기독재로 이어져 온 셈이다.

＝ 멕시코

멕시코에서는 일찌감치 포르피리오 디아스(Porfirio Díaz)라는 독재자가 등장했다. 1876년 쿠데타를 통해 집권한 이래 1911년까지 30여 년간 멕시코를 철권통치한 인물이다. 그가 집권했던 시대를 포르피리아토(Porfiriato)라고 부른다. 그는 통치기간 내내 모든 민중운동을 탄압했다. "빵이냐 곤봉이냐(Pan o Palo)"라는 구호는 그의 통치시대를 명료하게 설명해 준다. 즉 체제에 복종하는 자들에게는 각종 정치적·경제적 혜택을 부여하고, 체제에 저항하는 자들은 무자비하게 탄압했다.

그는 강력한 독재정치를 통해 행정, 입법, 사법 3권을 장악하고 군부, 교회, 대지주 등 보수세력을 공고한 지지기반으로 만들었다.

또한 지방경찰을 창설하여 국민의 일상생활을 구석구석 감시하게 했다. 한편, 경제정책면에서는 상당한 성과를 거두어 멕시코 근대화의 기반을 마련한 것으로 평가받고 있다. 경제 활성화를 위해 외자를 적극적으로 유치하고 기간시설 등 인프라 구축에 힘을 쏟았다.

그리고 철도와 항만을 건설하고 우편, 전신, 전화 등 통신망을 확장했으며, 석유화학, 금속, 섬유공업 등 2차산업에도 투자를 늘려 육성했다. 독재정치의 빛과 그늘이 뚜렷하다. 그러나 그 빛마저도 사회를 골고루 비추지는 못했다. 경제발전의 과실은 소수의 특권층에게로만 돌아가고 다수 국민은 빈곤에서 벗어나지 못하는 양극화의 골만 깊어졌기 때문이다.

멕시코 독재자 포르피리오 디아스

쿠바 독재자 풀헨시오 바띠스따

민중의 분노가 더 이상 참을 수 없는 수준에 이르렀던 1910년 10월 마침내 혁명의 불길이 타올랐다. 혁명군의 압박에 굴복한 디아스가 대통령직을 사임하고 유럽으로 망명하면서 마침내 포르피리오 디아스의 독재는 끝났다.

= 쿠바

쿠바는 미국-스페인전쟁에서 스페인이 패배하면서 1898년 독립을 성취하였지만, 대신 1899년부터 1902년까지 미 군정을 받아들일 수밖에 없었다. 미 군정이 끝난 후 1924~1933년까지 헤라르도 마차도(Gerardo Machado)가 집권했는데, 그는 무자비하게 정적을 제거하고 고문과 암살을 자행하는 등 무소불위의 독재자로 군림했다. 반정부 저항이 거세지고 미국도 마차도에게서 등을 돌리는 조짐을 보이자 1933년 풀헨시오 바띠스따(Fulgencio Batista)가 쿠데타를 일으켰다.

바띠스따는 가난한 농부의 아들로 태어나 사탕수수 농장 노동자, 식당 종업원 등 여러 직업을 전전하다가 이십 대에 군에 입대한 인물이다. 쿠데타 당시 그는 중사였으며 나이는 약관 서른둘이었다. 그는 쿠데타 성공 이후 1940년까지는 정치무대 전면에 나서지 않고 7명의 허수아비 대통령을 내세운 채 막후 실세로 행세하다가, 1940년 비로소 선거에 출마하여 대통령에 당선되었다. 집권 초기에는 산업 인프라 개선에 적극 투자하고 일자리를 늘렸으며 교육제도를 확대하는 등 나름대로 경제 발전을 이루었다.

그러나 이면에서는 공공사업을 시행하면서 거액의 커미션을 챙기고 관세 포탈, 복권사업 등을 통해 막대한 재산을 빼돌렸다. 그는 1944년 일단 정치일선에서 물러나 재임기간 중 치부한 재산을 갖고 미국 플로리다로 가서 호화생활을 즐기고 있었다.

한편, 그가 권좌에서 물러나 있는 동안 쿠바는 부정부패가 극에 달하고 정정불안이 계속되었다. 바띠스따는 1952년 귀국하여 다시 쿠데타를 일으켜 정권을 잡았다. 권력층의 부정부패와 사회혼란에 진절머리를 낸 국민들은 그의 재집권을 반겼으나, 그는 이미 독재의 길로 들어서고 있었다.

그의 재집권 시기는 언론 탄압, 대학 폐쇄, 반체제인사 추방 및 투옥, 의회 해산, 계엄령 발동으로 얼룩졌다. 개인적인 치부도 극에 달했다. 극심한 부패와 폭정은 혁명을 부르고야 말았다. 1956년 12월 피델 카스트로가 망명지 멕시코로부터 쿠바에 상륙하여 반정부 게릴라 투쟁을 전개했다. 1958년 7월 피델 카스트로의 혁명군이 아바나를 압박해 들어오자 12월 31일 바띠스따는 더 이상 버티지 못하고 권좌에서 물러나 도미니카로 망명했다.

= 니카라과

니카라과에서는 1910년대부터 미국의 지원을 받아 보수적인 친미주의자들이 집권했다. 1912년 정권을 잡은 아돌포 디아스(Adolfo Díaz)는 미국으로부터 차관을 제공받는 대가로 각종 이권을 미국에 내주었고, 미국 군사고문단도 받아들였다. 이후 1933년까지 국정 전반에 걸쳐 미국의 내정 간섭을 받는 처지가 되었다. 1933년 미국은 대공황을 겪으면서 니카라과 개입에 경제적 부담을 느끼게 되었다.

대통령에 당선된 루스벨트도 니카라과 개입에 반대하는 입장이었다. 결국 미 해병대는 니카라과에서 철수했다. 미군이 빠져나간후 국가방위군(Guardia Nacional)이 그 임무를 대신하면서 새로운 권력집단으로 부상했다. 1936년 국가방위군 사령관 아나스타시오 소모사 가르시아(Anastasio Somoza García)가 쿠데타를 일으켜 정권을 잡았다.

그는 회유와 협박 전략을 교묘하게 구사하여 반대세력을 제압하면서 20년간 독재정치를 이어갔다. 1956년 9월 열혈청년에 의해이 독재자가 암살되었다. 그러나 권력은 바로 그의 장남인 루이스소모사 데바일레(Luis Somoza Debayle)가 이어받았다.

루이스는 부친과는 달리 민주적 개혁정치를 추구하였다. 국가방위군의 역할을 축소하고 언론 자유를 보장하는 한편 외국인 투자를 확대하고자 했다. 그러나 1967년 루이스가 젊은 나이에 사망하면서 그의 개혁정책도 좌절되었다.

권력은 다시 그의 동생 아나스타시오 소모사 데바일레(Anastasio Somoza Debayle)에게로 넘어갔고, 강압정치가 다시 시작되었다. 1974년 대통령 선거에서 그가 다시 당선되자 산디니스타 민족해방전선(FSLN)이 주도하는 반정부 무장투쟁이 격화되었다. 이에 앞서 1972년 발생한 지진으로 인해 민심은 흉흉해지고 교회, 군부, 지주 등 지지세력도 서서히 등을 돌렸다. 미국 카터 행정부의 인권외교 정책도 그를 궁지로 몰았다. 결국 1979년 7월 아나스타시오 소모사 데바일레는 대통령직을 사임하고 니카라과를 떠났다. 이로써 3대에 걸쳐 43년간 이어졌던 소모사 가문의 세습 독재는 막을 내렸다.

＝ 칠레

칠레는 아옌데의 사회주의 개혁을 좌절시킨 쿠데타가 일어난 1973년 9월부터 암울한 군사독재가 시작되었다. 쿠데타의 주역 아우구스토 피노체트(Augusto Pinochet)는 대통령직에 오른 후 "이 나라에선 나뭇잎 하나라도 내 명령 없이는 움직이지 못한다"라고 할 만큼 공포정치로 칠레를 통치했다. 그는 쿠데타 직후 3개월 동안 의회 내 좌파세력을 척결한다는 명분으로 1,800여 명을 공개처형했다. 또한 악명 높은 비밀경찰조직인 국가정보국을 창설하여 반정부 조직을 철저히 소탕했다.

17년간 계속된 통치기간 중 최소 3,197명이 정치적 이유로 살해되었고 2,000여 명이 실종되었으며, 수십만 명이 감금되어 고문을 당하거나 강제추방되었다. 이같은 철권을 휘둘렀지만 경제면에서는 상당한 성과를 거두기도 했다. 아옌데 정부가 추진했던 국유화 정책을 폐기하고 시장경제에 의한 자원배분과 경쟁논리를 도입했으며, 재정적자를 줄이기 위해 공무원을 감원하고 공공부문 투자를 축소하는 등 긴축재정을 펼쳤다. 또한 인플레이션 해소를 위해 통화량을 억제하고, 관세 인하와 수입절차 간소화를 통해 무역을 늘리고자 했다.

이러한 경제정책이 효과
를 보이면서 쿠데타 발생
당시 500%에 달했던 물가
상승율이 1982년에는 10%
대로 진정되었고, 경제성장
도 연 7%대로 견실하게 유
지되었다. 칠레가 화훼 및
과일 수출국가로 발돋움하
게 된 것도 이 시기에 농업
에 대한 집중투자가 이루어

아우구스토 피노체트

졌기 때문이다. 그러나 정
부가 시장에 개입하고 철저히 통제하는 가운데 자유시장경제정책
이 시행되었다는 것은 다분히 역설적이다.

1980년대 중반에 접어들면서부터 반정부 투쟁이 격화되기 시작
했다. 위수령을 발동해도 저항이 수그러들지 않자 결국 피노체트
는 1988년 자신의 집권 연장을 묻는 국민투표를 실시했고, 이 국민
투표는 압도적으로 부결되었다.

이어진 1989년 12월 대통령 선거에서 아일윈(Patricio Aylwin)이 당
선되면서 피노체트 독재정권은 막을 내렸다. 권좌에서 물러난 후
에도 종신 상원의원이 되어 면책특권을 누리던 피노체트는 1998년

3F와 3W의 나라 칠레

칠레는 태평양 동쪽 연안을 따라 길게 뻗어 내려간 나라이다. 면적은 757,000km²로 한반도의 3.4배 정도이며, 남위 18도에서 56도까지에 걸쳐 있다. 남북 간 길이가 4,270km에 달해 북부의 사막기후에서부터 중부의 지중해성기후, 남부의 한랭기후까지 다양한 기후대가 나타난다. 그만큼 물산이 풍부하여 흔히 칠레를 3F와 3W의 나라라고 부른다.

3F란 Fish, Fruit, Flower를 일컫고 3W란 Weather, Women, Wine을 말한다. 풍부한 어족자원과 과일, 원예로 유명한데다가 날씨 좋고 와인이 뛰어나며 미인도 많다는 뜻이다. 실제로 칠레산 와인은 우리 입맛에도 잘 맞고 가격 대비 품질이 뛰어나다.

하지만 신(神)은 다 좋은 것만 허락하지는 않는 모양이다. 칠레는 소위 불의 고리(Ring of fire)라고 불리는 환태평양 조산대에 위치해 있어 잦은 화산 폭발과 지진 피해를 겪고 있는 자연재해 다발국가이기도 하다.

칠레 수도 산티아고

10월 신병 치료차 머물던 런던에서 전격 체포되어 2000년 3월 칠레로 송환되었다.

이후 집권기간 중에 자행되었던 납치, 살해를 배후 조종한 혐의로 기소되어 재판을 받던 중 2006년 12월 91세 나이로 사망하였다. 당시 대통령으로 막 취임한 미첼 바첼레트는 그의 장례를 국장(國葬)으로 치르는 것을 거부했다. 피노체트 정권에서 고문으로 아버지를 잃었고 자신도 심한 고초를 겪은 바첼레트였으니 그 심정이 오죽했겠는가.

= 아르헨티나

아르헨티나는 1870년부터 유럽으로 농축산물을 수출하여 비약적인 경제성장을 이루었다. 하지만 1929년 시작된 대공황의 여파로 수출이 줄고 대외부채가 증가하면서 국가적 위기에 직면했다.

경제 위기는 정국 불안으로 이어져 1930년 9월 우리부루(José F. Uriburu) 장군의 쿠데타를 시작으로 군부가 지속적으로 정치에 개입하는 상황을 맞게 되었다. 1943년 일단의 청년장교들이 쿠데타를 일으켰다. 그 중심인물은 후안 도밍고 페론(Juan Domingo Perón)이었다. 그는 노동계급의 대변자를 자처하면서 사회정의와 노동자 권리를 강조했고, 이에 노동자들은 페론을 열렬히 지지했다. 쿠데타 이후 수립된 파렐 발카르세(Parrell Balcarce) 정부에서 페론은 부통령과 노동사회복지장관을 겸임했다.

그가 득세하는 것을 두려워한 군부 내 반대파들에게 밀려 한때

후안 페론   페론에 열광하는 노동자들

실각해서 유배되기도 했던 페론은 1946년 자신을 지지하는 노동계를 규합하여 노동자당을 만들고 선거에 출마하여 대통령에 당선되었다. 그는 5개년 경제계획을 추진하여 기간시설을 확충하고 교육개혁과 사회개혁을 강력히 추진하였다. 1947년 7월에는 모든 외채를 청산하면서 아르헨티나가 경제적으로 독립하였음을 선언했다.

  이러한 성과에 힘입어 페론은 1951년 선거에서 67%의 압도적 지지를 받아 재선되었다. 그러나 1952년 7월 정치적 동반자이자 국민적 신망이 두터웠던 부인 에바 페론이 사망한 이후 상황은 급변했다. 노조와의 관계가 악화되었고, 가톨릭과도 대립각을 세웠다. 마침내 1955년 9월 군부가 쿠데타를 일으켰고, 페론은 스페인으로 망명했다. 그러나 페론이 축출된 후 정국은 더욱 혼미해졌다. 국민들의 마음속에는 여전히 페론에 대한 향수가 짙게 남아 있었다.

결국 18년간의 공백을 딛고 귀국하여 1973년 선거에 나선 페론은 다시 대통령에 올랐다. 하지만 기쁨도 잠시, 그는 집권 8개월 만에 병을 얻어 사망했다. 그의 뒤를 이어 부통령이던 세 번째 부인 이사벨 페론이 대통령에 취임했으나, 그녀의 앞에는 물가불안, 노동계의 저항, 정치폭력, 불어난 외채 등 난제만 쌓여 있었다. 정국은 혼란해지고 경제는 침체에서 벗어나지 못하였으며 물가는 폭등하였다.

결국 1976년 3월 또다시 군부가 쿠데타를 일으켜 국가비상사태를 선포하고 의회를 해산하였다. 이사벨 페론은 실각하고 라파엘 비델라(Rafael Videla) 장군이 권력을 장악하였다. 다시 군부독재의 시대가 열린 것이다.

비델라 정부는 테러리즘을 청산하고 부패한 정치인을 제거한다는 명분으로 반대파를 폭력적으로 탄압했다. 이른바 '더러운 전쟁(Guerra Sucia)'이라 불리는 만행으로 3천여 명이 재판 없이 사형에 처해졌고, 수만 명의 시민이 실종되거나 비밀리에 살해되었다.

경제위기까지 겹쳤다. 페소화가 평가절하되고 해외자본이 유입되면서 외채가 급증했다. 무역수지도 악화되었다. 1980년 비델라에 이어 비올라(Roberto Viola)가 대통령이 되었지만 상황은 나아지지 않았다. 1981년 12월 비올라는 정적이었던 레오폴도 갈티에리

(Leopoldo Galtieri) 장군에게 정권을 물려주었다.

하지만 갈티에리 역시 대중적 지지를 회복하지도, 군부의 분열을 극복하지도 못했다. 경제도 더욱 악화되어 늘어나는 외채, 살인적인 인플레이션, 실업률 급등의 삼중고에 시달렸다. 갈티에리 정권은 위기를 타개하기 위해 국민의 관심을 외부로 돌려 1982년 영국을 상대로 포클랜드전쟁을 일으켰지만 참담하게 패배했다. 결국 갈티에리는 불명예 퇴진하고 1983년 선거에서 알폰신(Raúl Alfonsín)이 대통령에 당선되면서 암울했던 군부독재는 끝났다.

▶▶▶ 혁명의 바람

장기 독재의 끝은 혁명을 부른다. 아니면 적어도 그에 준하는 운명적 사건을 필요로 한다. 독재자가 스스로 권좌에서 내려오는 모습을 보는 것은 매우 어려운 일이다. 라틴아메리카의 3대 혁명으로 불리는 멕시코 혁명, 쿠바 혁명, 니카라과 혁명도 이 점에서 예외가 아니다.

포르필리오 디아스의 독재가 멕시코 혁명을 불렀고, 바띠스따의 독재는 쿠바 혁명을, 소모사 일가의 세습 독재는 니카라과 혁명을 불렀다.

= 멕시코 혁명

1876년 집권하여 재선에 재선을 거듭하던 포르피리오 디아스가 1910년 6월 선거에서도 80세의 나이로 대통령에 당선되었다. 이에 프란시스코 마데로(Francisco Madero)가 혁명선언문을 발표하고 저항의 선봉에 나섰다. 그는 선언문에서 공명선거 및 재선 반대를 혁명의 최고 목표로 내세우며 1910년 11월 20일을 기해 총궐기할 것을 촉구하였다.

전국적으로 마데로에 대한 지지가 확산되었다. 북부지역 노동자와 농민의 전설적 영웅 판초 비야(Pancho Villa)도, 남부 농민운동을 이끈 에밀리아노 사빠따(Emiliano Zapata)도 혁명의 대열에 가담하였다. 혁명군의 거센 공세에 굴복한 디아스가 결국 물러나고 1911년 11월 마데로가 대통령직에 올랐다. 그러나 이것으로 혁명이 완수된 것이 아니었다. 길고 긴 멕시코 혁명의 서막일 뿐이었다.

대통령이 된 마데로는 혁명공약에서 내세웠던 토지분배 등 개혁 과제를 전혀 실행에 옮기지 않았다. 이에 사빠따는 토지개혁을 강력히 요구하며 마데로 정권에 대항하였고, 노동자들도 사빠따를 지지하고 나섰다.

노동자와 농민들이 마데로 정권에 등을 돌리고 혁명세력이 사분오열되기 시작하자 1913년 2월 일군의 반혁명세력이 반란을 일으켰다. 마데로는 측근인 우에르따에게 반란군 진압을 명했지만 우에르따는 오히려 반란군과 결탁하였고, 마데로는 반혁명군에 의해 살해당했다. 이에 베누스띠아노 까란사(Venustiano Carranza)가 반혁

농민의 전설적 영웅 판초 비야　　　　　　남부 농민운동을 이끈 에밀리아노 사빠따

명정권 타도에 나섰다. 판초 비야와 사빠따 등 그동안 분열했던 혁
명세력이 까란사를 축으로 다시 공동전선을 펼쳐 1914년 7월 우에
르따를 축출하는 데 성공했다. 이로써 디아스 독재체제를 무너뜨
린 마데로 혁명과 뒤이어 등장한 우에르따의 반혁명 시기는 막을
내렸다. 이제 혁명은 치열한 내부투쟁 국면으로 접어들었다.

　멕시코시티를 장악한 까란사는 토지분배를 포함한 경제 · 사회
개혁방안을 두고 판초 비야–사빠따와 대립했다. 갈등 끝에 1914년
11월 양측은 서로를 반란군으로 규정하고 나섬으로써 결별했다.
그해 12월에는 사빠따와 판초 비야가 차례로 멕시코시티에 입성하
여 농민군의 위세를 떨쳤지만, 얼마 가지 않아 까란사 진영의 2인

자 오브레곤이 이끄는 군대가 멕시코시티를 재탈환했다.

1915년 말 무렵에는 판초 비야의 북부군은 괴멸되고 사빠따의 남부해방군만이 유일한 까란사 대항세력으로 남게 되었다. 전세가 까란사에게 유리하게 전개되고 있는 상황에서 1916년 11월 제헌의회가 개최되었고, 혁명헌법에 따라 1917년 3월 치러진 선거에서 까란사가 승리하여 대통령으로 취임했다.

그러나 대통령이 된 후 까란사는 토지개혁을 원점으로 돌리는 등 반혁명적·비민주적 행태를 보여 국민을 실망시켰고, 분노한 민중들은 각지에서 반란을 일으켰다. 1920년 5월 까란사가 암살당하고 12월에 오브레곤이 대통령에 취임한다. 그에 앞서 1919년에는 사빠따가 까란사 측근에 의해 암살당했다. 혁명세력 내부의 권력투쟁은 이렇게 정리되었다.

오브레곤에 이어 대통령이 된 까예스(Elias Calles)는 1929년 3월 국가혁명당을 결성했다. 이제 혁명세력은 정당이라는 제도적 장치 하에서 이견을 조정하고 권력을 분배할 수 있게 된 것이다(국가혁명당은 1946년 제도혁명당[PRI]으로 명칭이 바뀌어 오늘에 이른다).

1934년 실시된 선거에서 까르데나스(Lázaro Cárdenas)가 압도적인 지지를 얻어 대통령에 당선되었다. 명실공히 멕시코 혁명에 대한 국민의 신뢰 표시였다. 그는 대대적인 토지분배를 실행하고 노동자의 권익을 보호하였으며, 근대적 보통교육의 토대를 마련하였다. 1938년에는 석유산업을 국유화하여 멕시코국영석유회사(PEMEX)를 설립했다. 소신껏 정책을 펼친 까르데나스에게 국민들은 전폭적인 지지를 보냈다.

까르데나스에 이르러 험난했던 멕시코 혁명이 완결되었다. 멕시코 혁명은, 그 과정에서 수많은 혁명지도자가 명멸했고 혁명과 반혁명의 곡절을 겪었으며 오랜 시간에 걸쳐 진행된 지난한 여정이었다.

= 쿠바 혁명

쿠바 혁명은 멕시코 혁명과는 달리 단일 지도자의 일사불란한 지휘 하에 소수의 혁명군이 단기간에 성취한 혁명이다. 그 지도자는 물론 피델 카스트로(Fidel Castro)이다. 1926년생인 카스트로는 아바나 법대 재학 시절부터 적극적으로 정치활동에 뛰어들었다.

1953년 7월 26일 바띠스따 독재정권에 대한 거국적인 궐기를 촉구하며 무기를 탈취할 목적으로 몬카다(Moncada) 병영을 습격했으나 실패하고 체포되었다. 후일 이 사건을 기려 쿠바 혁명그룹은 '7월 26일 운동'이라는 이름을 갖게 된다. 특별재판에서 15년형을 선고받고 수감되었던 카스트로는 이듬해 사면을 받아 석방되었다. 그는 곧 멕시코로 망명하였는데 그곳에서 체 게바라와 운명적으로 만나게 된다.

1956년 12월 이들을 포함한 82명의 혁명전사들이 작은 요트(Granma호, 쿠바 혁명의 상징이다)에 몸을 싣고 쿠바에 잠입했다. 그러나 정보가 사전에 누설되어 대부분 사살되거나 포로로 잡혔고, 겨우 16명 만이 살아남아 시에라 마에스트라(Sierra Maestra, 쿠바 남동부

사빠띠스따 민족해방군

　　사빠띠스따 민족해방군(EZLN)은 멕시코 혁명 당시 농민 편에 서서 투쟁했던 에밀리아노 사빠따의 정신을 계승하면서, 제도혁명당(PRI)의 일당독재와 신자유주의 세력에 대항한다는 슬로건을 내세우며 싸우는 게릴라 전선이다. 북미자유무역협정(NAFTA)이 발효된 1994년 1월을 기해 정부군에 선전포고를 하고 남부 치아빠스 주의 7개 도시를 전격 점령하였다.

　　지도자인 마르코스(Marcos)는 베일에 싸인 인물로서 늘 스키마스크를 쓰고 활동하며 제2의 사빠따 또는 제2의 체 게바라로 불린다. 풍부한 천연자원과 넓은 땅에도 불구하고 치아빠스 주는 멕시코에서 가장 가난하고 소외된 지방으로서 멕시코가 안고 있는 사회 · 경제적 모순을 집약적으로 보여 주는 곳이다. EZLN은 이런 모순을 타파하고 농민을 억압과 착취에서 해방시키고자 하며, 이것이 혁명 당시 사빠따가 추구했던 이상이라고 믿고 있는 것이다.

　　그들은 종래의 반정부군과는 다른 독특한 투쟁방식을 취하고 있다. 병력은 그다지 많지 않은 것으로 알려졌지만, 마르코스는 항상 휴대용 컴퓨터를 지니고 전장을 누비면서 전 세계에 지지를 호소하는 방식으로 사이버전쟁을 벌이고 있다. 치아빠스 주 내륙의 라깐돈 정글을 근거지로 하여 지역 주민들의 전폭적인 지지를 받으며 활동을 계속하고 있다.

피델 카스트로   체 게바라

산악지역) 산맥으로 피신하였다. 이들은 이곳을 거점으로 게릴라 투쟁을 전개하면서 세력을 불려나갔다. 1958년에 접어들자 공공부문 노조가 파업을 벌이는 등 정세가 불안해졌다. 이에 카스트로는 1958년 7월 시에라 마에스트라를 나와 정부군을 상대로 전면적인 공격에 나섰다.

혁명군은 사실상 진압 의지를 상실한 정부군을 연파하며 수도로 향했고, 대세가 기울었다고 판단한 바띠스따는 12월 31일 쿠바를 떠나 도미니카로 망명하였다. 이튿날인 1959년 1월 1일 카스트로 혁명군은 당당히 아바나에 입성하여 혁명정부를 수립했다.

그란마 호

혁명 이전의 쿠바는 정치적으로나 경제적으로나 미국에 절대적
으로 의존하고 있었다. 사실상 주권을 상실한 것과 다름없는 상태
에서 대다수 국민들은 정치적으로 억압받고 사회적으로 소외당했
으며 빈곤에 시달리고 있었다. 쿠바 혁명은 바로 이런 상황을 타파
하기 위한 항거였다. 혁명에 성공한 뒤 카스트로는 미국의 압력에
도 불구하고 지체없이 일련의 개혁조치를 단행했다. 그중 가장 두
드러졌던 것은 미국 자본에 예속되어 있던 대농장 시스템을 해체
한 것이었다.

이로부터 미국과 쿠바는 날카롭게 대립하게 되었다. 1960년 2월
쿠바는 소련과 통상조약을 체결하고 소련산 원유를 들여오기로

전설의 혁명가 체 게바라

1928년 아르헨티나 로사리오에서 태어난 체 게바라는 부에노스아이레스 의대에서 공부하던 의학도였다. 1952년 친구 알베르또와 함께 오토바이로 남미 대륙을 여행하면서 소외당한 이들의 삶을 직접 체험하였고, 이것이 계기가 되어 헐벗고 굶주린 자들 편에 서서 싸우기로 결심했다. 이를 실천하기 위해 의사라는 직업을 던지고 1953년 볼리비아와 과테말라를 거쳐 멕시코로 갔다. 그곳에서 망명중이던 피델 카스트로를 만나 의기투합했고, 그와 함께 쿠바로 건너가 쿠바 혁명을 이끌었다.

혁명정부에서 중앙은행 총재와 산업부장관을 지내며 '쿠바의 두뇌' 역할을 했다. 쿠바가 미국에 의해 경제봉쇄를 당하게 되자 체 게바라는 소련을 방문하여 경제적 지원과 무기 원조를 요청하여 성과를 거두고 돌아왔다. 그러나 소련이 미국의 압력에 굴복하여 쿠바에 배치했던 미사일을 철수하자 그는 크게 실망하고 소련이 더 이상 사회주의 혁명의 종주국이 아니라고 선언했다.

그가 쿠바의 완전한 경제적 독립을 추구했던 반면, 카스트로가 소련의 지원을 받아 쉽게 정권을 유지하는 행태를 보이자 그는 카스트로와도 결별했다. 그리고 1965년 4월 피델 카스트로에게 "쿠바에서 내가 할 일은 끝났다"는 편지를 남기고 홀연히 콩고로 떠났다.

그러나 콩고는 아직 혁명을 받아들일 준비가 되어 있지 않았다. 다시 쿠바로 돌아와 또 다른 혁명을 꿈꾸던 체 게바라는 1966년 11월 볼리비아로 잠입했다.

그러나 볼리비아는 쿠바와 상황이 달랐다. 농민들은 혁명세력에 비협조적이었다. 산악지대에서 소규모 게릴라부대를 조직하여 악전고투하던 게바라는 1967년 10월 정부군과 교전중에 총상을 입고 생포되었다가 바로 총살당했다. 39세로 생을 마감한 체 게바라는 죽어서 더 유명해지고, 하나의 상징으로 남게 된 인물이다.

현실의 안락과 권력에 안주하지 않고 신념에 따라 행동하고 죽어간 그를 사람들은 잊지 못한다. 혁명도 사회주의도 사라진 시대에 오로지 체 게바라만 살아 남았다고 할 정도로 그는 전설의 혁명가로 자리매김했다. 프랑스의 실존주의 철학자 사르트르는 체 게바라를 "20세기 가장 완전한 인간"이라고 극찬했다.

총살당한 후의 체 게바라

했다. 이에 따라 6월에는 소련산 원유가 도착하였으나 미국인 소유 정유공장들이 이 원유의 정제를 거부했다. 쿠바는 즉각 이들 정유공장을 국유화해 버렸다. 이에 대한 보복으로 미국이 그해 7월 쿠바산 설탕의 수입을 전면 중단하자, 쿠바는 미국인 소유 기업을 국유화하는 조치로 응수했으며, 9월에 미국이 쿠바에 대한 무역봉쇄를 단행하자, 쿠바는 미국인 소유 은행을 국유화했다. 미국은 쿠바에 대한 지배와 기득권의 상실이 견디기 어려웠던 반면, 쿠바로서는 그야말로 생존을 위한 투쟁이 이어졌던 셈이다. 미국과의 관계가 악화되자 소련에 접근하여 사회주의 노선을 따르게 된 것도 쿠바로서는 불가피한 선택이었을 것이다.

쿠바 혁명은 20세기 라틴아메리카 역사에서 가장 드라마틱한 사건이라 해도 과언이 아니다. 다 합쳐 봐야 수백 명에 불과했던 소수의 게릴라 병력이 속전속결로 혁명을 성공시킨 과정도 그렇고, 거대한 미국에 대항하여 혁명의 진정성을 지켜내고 사회변혁을 이루어 내었다는 점에서도 그러하다. 그 이후에 제대로 세계정세에 대처하고 효율적으로 국가 관리를 해 왔는지 여부는 또 다른 문제이다.

= 니카라과 혁명

미국이 니카라과 내정에 깊숙이 개입하여 사실상 정치·경제를 좌지우지하고 있을 무렵, 반미투쟁을 기치로 내건 한 혁명전사가 등장했다. 바로 아우구스또 세사르 산디노(Augusto César Sandino)이다. 젊은 시절 온두라스, 과테말라, 멕시코 등지에서 노동자로 일하며 민족주의에 눈뜬 그는 1926년 귀국해 소수의 동지들과 함께 무장봉기를 일으켰다.

그의 부대는 병력과 무기, 물자가 절대 부족했음에도 압도적인 정부군과 미군을 상대로 신출귀몰한 게릴라전을 펼치며 반미투쟁의 상징으로 떠올랐다. 1929년 대공황의 여파로 삶이 피폐해진 농민들이 속속 산디노군에 합류하면서 1932년 무렵 그가 이끄는 부

아우구스또 세사르 산디노

대 병력은 6,000여 명에 이르렀다. 그의 부대는 1933년 미군이 철수할 때까지 끈질기게 다윗과 골리앗의 싸움을 이어갔다. 미군이 철수하자 산디노는 적대행위를 중단하고 사카사 정부와 협상에 들어갔다.

그러나 당시 국가방위대 사령관이던 아나스타시오 소모사 가르시아의 음모에 말려 허망하게 체포되어 처형당했다. 그의 나이 38세 때였다. 세월이 흘러 소모사 일가의 세습 독재가 공고해지던 1961년 산디노의 반미 민중항쟁 정신을 계승한다는 명분을 내걸고 산디니스타 민족해방전선(FSLN)이 결성되어 반정부 무장투쟁에 나섰다.

다니엘 오르테가(Daniel Ortega)가 이끄는 FSLN은 쿠바의 지원 아래

10여 년간 반소모사 게릴라 투쟁을 벌였고, 1979년 6월 마침내 소모사를 축출함으로써 혁명을 완수하였다. 요컨대 니카라과 혁명은 산디노 정신 계승을 내세워 다수 민중의 지지를 얻고, 이를 독재 타도로 연결시킨 전략의 승리였다. 죽은 공명이 산 중달을 물리친 (死諸葛走生仲達) 격이다.

정권을 잡은 산디니스타 정부는 국가재건위원회를 거쳐 오르테가를 대통령으로 선출하고 대대적인 개혁을 단행했다. 은행과 광산, 임업자원을 국유화하고 강력한 토지개혁을 시행하여 농민과 협동농장에 토지를 분배했다. 문맹률을 낮추기 위해 교육투자를 늘리고 의료시설을 확충하고자 했다. 그러나 소모사 정권이 남겨놓은 경제기반이 워낙 취약해서 내부동력만으로는 역부족이었다.

혁명정부가 사회주의 노선을 취하며 좌경화의 길로 들어서자 미국은 1981년 레이건 대통령 취임 직후 니카라과 원조를 전면 중단하는 한편, 반혁명세력인 콘트라(Contra) 반군 결성을 지원하여 산디니스타 정부를 압박했다. 1985년에는 CIA 주도하에 이란에 불법 수출한 무기대금 약 2천만 달러를 콘트라 반군에게 지원했다. 이른바 이란-콘트라 스캔들이다.

미국의 금수조치와 콘트라의 파괴활동이 이어지고 경제난이 겹치자 민심이 이반되기 시작했다. 결국 오르테가는 1990년 선거에서 야당 연합의 비올레타 차모로(Violeta Chamoro) 후보에게 패하여 정권을 내주었다. 이렇게 미완으로 끝나는 듯했던 산디니스타 혁명은 2007년 선거에서 오르테가가 17년의 공백을 딛고 권토중래하여 다시 대통령에 당선되면서 되살아났다.

재집권한 이후에는 사회보장 강화와 함께 친기업정책을 추진하여 안정적인 경제성장을 이루어 냈다. 오르테가는 2011년에 이어 2016년 대선에서도 72%를 상회하는 득표율로 당선되어 4선에 성공했다. 그의 부인 로사리오 무리요(Rosario Murillo)는 부통령에 당선되어 사상 처음으로 부부가 정·부통령이 되는 기록을 세웠다. 산디니스타 혁명은 현재진행형이다.

▶▶▶ 내전의 상처

독재정치도 국가 발전을 저해하는 암적 요소이지만, 한 나라가 내전에 휩싸이는 것은 그것과는 비교할 수도 없는 폐해이자 그 자체로 비극이다. 독재정치의 흔적은 훗날 어떤 형태로든 치유가 가능하지만, 내전은 국가 발전의 토대를 송두리째 파괴할 뿐만 아니라 국민들을 편을 갈라 서로 적대하게 함으로써 내전이 끝난 후에도 후유증이 오래 남기 때문이다.

불과 반세기 전에 그 두 가지를 모두 겪었음에도 우리나라가 오늘날 당당히 세계 무대의 주역으로 발돋움하고 있는 것은 그야말로 경이로운 일이다. 라틴아메리카에서 내전을 겪은 나라들과 비교해 보자.

= 과테말라

과테말라 내전의 원인은 식민지 시대의 유산인 사회 전반의 빈부 격차와 원주민 차별, 그리고 이에 기인한 이데올로기적 갈등으로 거슬러 올라간다. 달리 말하자면 지주계급과 결탁한 우익 군부세력과 국민 대다수를 차지하는 원주민, 농민층을 대변하는 좌익 게릴라 세력이 충돌한 것이다. 여기에 미국이 개입하여 군부 쿠데타와 독재체제 수립을 지원해 온 것도 간과할 수 없는 요인이다. 마야 문명의 발상지인 과테말라는 독립 이후에도 독재정치가 지속되었고 정치 · 경제 권력은 미국에 의해 좌우되어 왔다.

특히 소수 지주들에 의한 토지 독점과 전체 인구의 55%를 차지하는 원주민에 대한 차별, 미국의 자본과 결탁한 독재체제는 과테말라 내부의 모순과 갈등을 심화시켰다. 이런 상황에서 1950년 좌파 성향의 구스만(Jacobo Arbenz Guzman)이 대통령에 당선되었다. 그는 대지주와 미국 회사가 소유한 농지를 유상 몰수하여 농민들에게 나눠 주었다. 이는 당시 과테말라 경제를 장악하고 있던 미국의 연합청과회사(United Fruit Company)와 거대 바나나농장을 직접 겨냥한 것이었다. 당연히 미국이 반발하고 나섰다. 미국은 구스만 정권을 공산주의 정권으로 규정하고, 1954년 카라카스에서 열린 미주회의에서 과테말라의 사회주의적 개혁정책을 종식시킨다는 결의안을 이끌어 냈다.

한편, 1954년 6월에는 아르마스(Carlos Armas) 중령을 내세워 쿠데타를 성공시켰다. CIA와 미 해병대가 이 쿠데타를 배후에서 지원했다. 쿠데타로 집권한 아르마스는 공산주의자들과 급진적 민족주의 세력을 제거하고 구스만 정부가 수용했던 토지를 미국 회사들에게 되돌려 주었다. 1956년에는 모든 좌익 정당들을 해산시키고 반정부 세력을 더욱 거칠게 탄압하기 시작했다.

아르마스 정권의 이같은 억압적인 반동정치에 대항하여 1960년대에 반정부 좌익 게릴라 단체가 속속 결성되었다. 미국의 지나친 개입과 아르마스의 반동정치가 내전의 씨앗을 뿌린 셈이다.

1980년대 들어 충돌은 더욱 격화되었다. 1980년 1월 원주민들의 스페인 대사관 점거농성을 군부가 무력으로 과잉진압하면서 39명이 사망하는 사고가 발생했다. 국제사면기구를 비롯한 국제사회도 과테말라 군부정권의 인권 탄압을 규탄하고 나서는 등 내전은 국제적 이슈로 부각되었다.

1981년 한 해 동안에 정부군과 반군 간의 교전으로 약 11,000명이 사망하였다. 1982년에는 기존의 4개 반군단체가 연합하여 과테말라 민족혁명연합(URNG)을 결성하고 본격적인 대정부투쟁에 돌입하였다. 정부군의 탄압과 URNG의 공세가 맞부딪치면서 1989년에는 전 국토의 절반이 내전에 휩싸였다. 1990년대에 들어와 내전 종식을 위한 평화협상이 모색되기 시작했다.

1991년 새로 취임한 세라노(Serrano Elias) 대통령은 민족화해위원회를 구성하고 URNG와 평화협상에 나섰으나 군부의 반발로 무산되었다. 1993년 1월 세라노 대통령은 90일 내에 평화협정을 체결하고 UN의 인권감시를 허용한다는 조건을 내걸고 다시 대화에 나섰고, URNG가 이를 수용함에 따라 협상이 재개되었다.

그러나 1993년 5월 쿠데타가 일어나 정국이 다시 혼미해졌고 정부군과 URNG의 충돌도 계속되었다. 1994년 1월 평화협상이 재개되어 난민의 귀향, 원주민의 권리보장 등 상당한 진전을 보았다. 1996년 1월 집권한 아르수(Alvaro Arzu) 대통령이 적극적으로 협상을 주도하여, 그해 12월 UN의 중재로 양측이 영구평화 정착에 합의함으로써 마침내 30여 년에 걸친 내전은 끝이 났다. 내전기간 중 최소 10만 명이 사망하고 5만 명이 실종되었으며 20만 명의 난민이 발생했다. 또 내전을 피해 100만 명 이상이 외국으로 탈출하였다.

내전이 끝난 후 정부군과 반군이 저지른 만행을 조사하기 위해 구성된 'UN 역사규명위원회(일명 진실위원회)'는 2년 동안의 조사를 거쳐 《과테말라, 침묵의 기억들(Guatemala, Memoria del Silencio)》이라는 제목으로 3,600쪽에 달하는 방대한 보고서를 제출하였다. 이 보고서는 "정부군의 만행은 분명히 민간인에 대한 대량학살이며 계획적인 전략이었다. 정부군은 반군을 추격하면서 마야 원주민 사회를 철저히 없앴으며 주거지와 가축, 농작

리고베르타 멘추

물을 파괴했다"고 기술하고 있다. 정부군이 마야 원주민을 내부의 적으로 간주하고 있었음이 드러난 것이다.

1992년 마야 원주민 출신의 인권운동가 리고베르타 멘추(Rigoberta Menchu)가 노벨평화상을 수상했다. 이것은 뒤늦었지만 무고하게 희생된 마야 원주민들에게는 그녀의 수상이 작은 위안이 되었을 것이다. 내전은 끝났지만 정치·경제적 불안정, 치안 부재, 마약조직의 불법과 폭력, 사회계층 간 갈등과 반목 등은 여전히 과테말라가 극복해야 할 숙제로 남아 있다.

= 콜롬비아

콜롬비아는 옛 누에바 그라나다 부왕령의 중심이었으며, 국토면적이 한반도의 약 5배에 달하는(114만km²) 남미 대륙 북부의 대국이다. 에메랄드 생산 세계 1위이며 원유를 비롯한 천연자원이 풍부한 자원부국이기도 하다. 한국전쟁 당시에는 라틴아메리카 국가 중에서 유일하게 5,300여 명의 전투병력을 파견했던 우호국이다.

그러나 이 나라는 지난 50여 년간 계속된 내전으로 국가발전의 잠재력을 제대로 꽃피우지 못하고 있다. 반군이 준동하고 있는 남동부 지역에는 사실상 행정력이 미치지 못해 시설 투자나 자원 개발을 엄두도 내지 못하고 있기 때문이다.

콜롬비아 내전은 좌우익의 이데올로기 갈등에서 시작되었다. 사회 전반에 뿌리깊게 자리잡은 빈부격차와 불평등이 갈등의 불씨로 잠재되어 있는데다가, 대토지 소유자들과 결탁한 군부정권의 탄압에 대해 농민들이 반기를 들었던 것이다.

콜롬비아 내전은 여러 형태의 분쟁이 뒤섞여 있다. 남부지역에서는 최대 반군조직인 콜롬비아 무장혁명군(FARC)과 정부군 간의 싸움이, 베네수엘라 접경인 동부지역에서는 제2반군 조직인 민족해방군(ELN)과 정부군 간의 싸움이 계속되어 왔다.

FARC와 ELN 간에도 자연자원과 마약 밀매 요충지를 차지하기 위한 충돌이 잦다. 우익 민병대가 정부군을 지원하여 반군을 소탕한다는 명분으로 저지르는 살인, 약탈행위도 적지 않다. 그렇더라도 역시 반세기 이상 콜롬비아를 내전상태로 내몰아 온 핵심세력이 FARC라는 사실은 이론의 여지가 없다.

1964년 결성된 FARC는 무장 농민군 지도자들이 주도하고 있으며, 부패한 정부와 기득권층을 타파하고 좌익정부를 수립하는 것을 궁극적 목표로 삼고 있다. 또한 이념적으로는 마르크스-레닌주의를 표방하면서 초창기부터 뚜렷하게 반미노선을 걸어왔다. 정부군이 FARC의 게릴라투쟁을 효과적으로 제압하지 못함에 따라 1990년대에는 우익 민병대 조직이 활성화되었다. 가장 대표적인 민병대 조직으로는 1996년 10월에 결성된 콜롬비아 자위대(AUC)를 꼽을 수 있는데, 이 조직은 종종 반군 지지자로 의심되는 민간인들을 무차별 공격하여 물의를 일으키기도 한다.

그동안 내전으로 인해 22만 명 이상이 사망하거나 실종되었고, 삶터를 잃은 이재민도 800만 명에 이른다. 직접적인 피해 말고도

FARC 반군

사회가 분열되고 마약 범죄가 근절되지 않는 것도 내전이 남긴 폐해이다. 마약 생산과 거래는 반군의 중요한 자금줄이 되고 있는데, 실상은 반군과 민병대 모두 마약 카르텔 조직과 깊이 연관되어 있다.

콜롬비아 정부와 FARC는 1999년 10월부터 내전 종식을 위한 평화협상을 시작했다. 협상은 10년 넘게 교착상태에 있다가 2010년 8월 산토스(Juan Manuel Santos) 대통령 취임을 계기로 탄력을 받기 시작했다. 전임 우리베(Alvaro Uribe) 대통령 정부에서 국방부장관을 맡아 FARC 소탕에 앞장섰던 산토스였지만 대통령에 오르면서 평화협상을 주도하고 나선 것이다. 정부와 FARC는 2012년 11월부터

콜롬비아 평화협정 서명(2016년 9월, 카르타헤나)

쿠바 아바나에서 협상을 계속하여 토지개혁, FARC의 제도권 정치 참여, 마약 밀매 퇴치 등 주요사항에 합의했다.

　이어서 최대 쟁점이었던 내전 희생자 보상 및 FARC의 무장해제 문제가 타결되면서 3년 9개월을 끌어 온 협상이 마무리되었다. 이후 몇 차례 고비가 있었지만 2016년 11월 산토스 대통령과 FARC 최고지도자 로드리고 론도뇨(Rodrigo Londoño)가 평화협정에 최종 서명함으로써 콜롬비아 내전은 마침내 끝났다. 산토스 대통령은 그 공로로 2016년 노벨평화상을 수상하였다. 콜롬비아 정부는 이제 제2반군인 ELN과의 평화협상에 착수하여 2017년 2월부터 에콰도르의 키토에서 협상을 진행하고 있다.

순탄치 않았던 평화협정 체결

2016년 9월 21일 콜롬비아 정부는 FARC와 타결한 평화협정안을 UN에 제출했다. 굳이 UN에 이를 제출할 의무가 있는 것은 아니었지만, 콜롬비아 내전이 끝나고 있음을 세계에 알리는 상징적인 조치였다. 이어서 산토스 대통령은 UN총회 연설을 통해 "콜롬비아에서 반세기 넘게 계속되어 온 전쟁이 마침내 끝났다"고 선언했다. 9월 26일에는 카르타헤나에서 산토스 대통령과 FARC 최고지도자 로드리고 론도뇨가 평화협정에 공식서명했다. 이 서명식에는 반기문 유엔 사무총장과 존 케리 미 국무장관을 비롯하여 2,500여 명이 참석하여 역사적인 순간을 지켜보았다.

두 지도자는 총알 탄피를 개조해서 만든 볼펜으로 서명했는데, 이 볼펜 자루에는 "총알이 우리의 과거를 기록했다. 우리의 미래는 교육이 기록할 것이다(Las balas escribieron nuestro pasado. La educación, nuestro futuro)"라는 문구가 새겨져 있었다. 그러나 최종 평화협정에 이르는 길에는 또 한 고비가 남아 있었다. 산토스 대통령은 자신이 약속했던 대로 이 평화협정안을 국민투표에 붙여 최종 확정하고자 하였으나, 10월 2일 실시된 국민투표에서 협정안은 근소한 차이로(찬성 49.8%, 반대 50.2%) 부결되고 말았다. 사전 여론조사 결과와는 판이한, 예상 외의 결과였다.

산토스 대통령은 정부 내에 특별대화위원회를 구성하고 FARC와 새로운 협상안 마련에 들어갔다. 내전 기간 중 FARC 요원이 저지른 범죄행위를 어느 수준까지 면책해 줄 것인지가 관건이었다. 결국 10년 한시적으로 특별평화재판소를 설치, 운영하여 이를 사안별로 처리하기로 했다. 두 지도자는 11월 2일 보고타에서 새 평화협정에 다시 서명했다. 이 평화협정은 의회의 동의를 받아 최종 확정되었다.

베네수엘라 접경지역 일대에서 활동하고 있는 ELN은 과거에 비해 세력이 크게 위축되어 있어(대원 2,000명 정도) 정부는 협상 진전을 낙관하고 있다. ELN과의 분쟁까지 평화협상을 통해 종결되면 콜롬비아는 반세기 이상 시달려 온 내전의 소용돌이에서 완전히 벗어나게 된다.

▶▶▶ 포퓰리즘의 유혹

포퓰리즘이란 대중적인 인기와 비현실적인 선심성 정책을 내세워 일반 국민의 지지를 이끌어 내고 대중을 동원하여 권력을 쟁취, 유지하려는 정치행태를 말한다. 일반적으로 정통성이 취약한 정부일수록, 또 지도자의 개인적 카리스마가 강할수록 포퓰리즘에 의존하게 되는 경향이 있다.

라틴아메리카에서 한 시대를 풍미한 대표적인 포퓰리즘이라면 아르헨티나의 페론주의(Peronismo)와 베네수엘라의 차베스주의(Chavismo)를 꼽을 수 있겠다. 차베스주의는 근세가 아니라 21세기 초에 나타난 현상이지만 이해의 편의상 페론주의와 함께 살펴보기로 한다.

═ 페론주의

아르헨티나의 전 대통령 후안 페론(Juan Domingo Perón)과 그의 부인 에바 페론(Eva Perón)의 정치활동이 그 출발점이다. 1943년 청년장교들과 함께 쿠데타에 성공한 이후 페론은 정치적 거물로 성장했다. 특히 그는 노동자 계급이 장래 정치적 파워그룹이 될 것이라는 점에 주목하여 그들과의 유대 강화에 역점을 두었다.

육류 포장공들이 임금 인상과 근로조건 개선을 요구하며 파업했을 때 노동자들의 편에 서서 분쟁을 해결하였고, 여러 갈래로 분열되어 있던 노동자 조직을 노동총동맹으로 통합시키는 수완을 발휘했다. 어느덧 그는 노동계급의 대변자가 되었고 노동자들은 그에게 전폭적인 지지를 보냈다.

1945년 페론이 군부 내 반대파에 밀려 마르틴 가르시아 섬에 유배되었을 때, 이같은 노동자들의 열렬한 지지는 그의 운명을 바꾸어 놓았다. 데스까미사도스(Descamisados, '셔츠를 입지 않은 자들'이라는 뜻으로 노동자 또는 빈민계층을 지칭한다)들이 부에노스아이레스 중심가를 가득 메우고 "페론 만세!"를 외치며 대대적인 저항운동을 벌였고, 정부가 이에 굴복하여 페론을 석방시켰던 것이다.

1946년 선거에서 대통령에 당선된 페론은 즉각 농민과 노동자의 복지 개선에 나섰다. 농가 부채를 탕감하고 근로자들의 임금을 매년 20% 인상하며 함부로 해고하지 못하도록 했다. 그 결과 1946년에서 1949년까지 근로자 임금은 거의 두 배가 되고 총 GDP 중 노동소득 분배율이 50%를 넘어서는 등 노동자의 처우가 크게 개선되

대중연설을 하고 있는 에바 페론

었다. 한편 그는 경제개혁에도 적극적으로 나서, 철도와 전신전화 등 기간시설을 국유화하고 제조업 성장을 지원했다. 1947년에는 외채를 전액 상환하면서 경제독립을 선언하기도 했다.

그의 부인 에바 페론도 서민 복지사업과 자선봉사활동을 주도하며 국민들의 마음을 사로잡았다. 정부는 에바 페론 재단에 인적·물적 지원을 아끼지 않았다. 페론의 첫 임기 때 이같은 복지정책이 가능했던 것은 2차 세계대전 전후로 유럽에 곡물과 육류를 수출하여 벌어들인 막대한 외화가 있었기 때문이다.

그러나 곧 한계가 드러났다. 생산성을 고려하지 않은 무리한 임금 인상과 과도한 복지 지출로 인해 정부 재정은 고갈되고 물가가 가파르게 상승했다. 그리고 2차 세계대전의 종전으로 유럽으로의 수출이 줄어들면서 무역수지도 적자로 돌아섰다. 1949년부터는 정부 지출을 삭감하고 임금과 물가의 상한선을 설정하는 등 정책 전환을 시도했지만 한번 늘어난 복지 지출을 감당하기에는 역부족이었다.

페론주의에 대한 평가는 다소 이중적이다. 과도한 임금 인상과 복지 지출로 경제 체질을 약화시킨 것은 사실이지만, 한편으로 제조업과 기간시설에 많은 투자를 했고 수입대체산업화를 통해 아르헨티나가 농업국가에서 탈피할 수 있도록 노력했다는 점은 인정해야 한다는 것이다. 일리 있는 주장이다. 그러나 노동자들의 생산적인 근로의욕을 떨어뜨리고 사회 전체가 과잉 복지의 단맛에 길들여지는 단초를 제공했다는 점은 분명한 사실이며, 이로 인한 폐해는 결코 가볍지가 않다.

페론의 뒤를 이은 대통령들이 과감하게 경제 체질 개선에 나서지 못했던 것도 이미 높은 복지수준을 누리고 있는 노동계급의 저항을 이겨 낼 자신이 없었기 때문이다. 오히려 그들은 자신이야말로 페론 정신을 계승하고 있음을 내세워 노동자들의 환심(歡心)을 사는 손쉬운 선택을 해 왔다. 까를로스 메넴(Carlos Menem)이 그랬고 에두아르도 두알데(Eduardo Duhalde)가 그랬으며, 네스토르 키르치네르(Nestor Kirchner), 크리스티나 페르난데스(Cristina Fernandez)도 다르지 않았다. 이것이 한때 세계에서도 손꼽히는 부국이었던 아르헨티나 경제가 나락에서 헤어나지 못하고 있는 큰 요인이다. 페론주의가 포퓰리즘의 대명사로 폄하되고 있는 것도 이 때문이다.

드라마틱한 삶, 에바 페론

"Don't cry for me Argentina. The truth is I never left you…."

브로드웨이 뮤지컬 '에비타'의 여주인공 에비타가 병마에 시달리면서 애잔하게 부르는 노래, 누구나 한 번쯤은 들어보았을 것이다. 이 뮤지컬의 주인공이며 한때 아르헨티나 대통령 영부인이었던 에바 페론의 삶은 그야말로 드라마틱하다.

그녀는 1919년 아르헨티나 팜파스의 작은 마을에서 태어났다. 아버지의 호적에 오르지도 못한 채 불우한 어린 시절을 보내다가, 열다섯 살 때 무작정 가출하여 부에노스아이레스로 떠났다. 그러나 시골뜨기 소녀가 맞닥뜨린 현실은 삭막하고 잔혹했다. 그녀가 갖고 있는 것은 몸뚱아리 하나뿐이었다. 그녀는 여러 남자 품을 전전하며 극단의 삼류 배우로 근근이 하루하루를 버텨 나갔다.

그렇게 10년을 보내면서 겨우 라디오 성우로 영화배우로 자리를 잡아 가던 중, 1944년 지진 구호기금 마련을 위한 자선행사에서 운명적으로 후안 페론을 만나게 된다. 당시 청년장교단의 리더로서 노동사회복지장관을 맡고 있던 실세 페론과 에바는 곧 사랑에 빠졌고, 이후 두 사람은 인생의 동반자이자 정치적 동지의 길을 걷게 된다.

페론은 일찌감치 노동계급의 대변자로 부상해 있었고, 여기에 더하여 서민과 노동자들은 에바의 비천한 출생과 고단했던 인생 역정에 묘한 동질감을 느끼면서 열광적인 지지를 보낸다. 서민을 위한 복지사업과 자선봉사활동, 여성과 소외된 계층의 인권 신장에 앞장서며 에바는 어느덧 대중으로부터 성녀(聖女)로 추앙받기에 이른다.

에바 페론 장례식

　그러나 얄궂은 운명인지, 그녀는 1952년 서른넷의 나이에 자궁암에 걸려 투병하다가 생을 하직한다. 대중은 깊은 슬픔에 빠졌고 한 달의 장례기간 내내 전국은 애도의 꽃으로 뒤덮였다.

　에바의 죽음 이후 페론은 급격히 흔들렸고, 정권도 내리막길을 걸었다. 그동안 묻혀 있던 포퓰리즘의 실상과 이에 따른 폐해도 속속 드러났다. 에바에 대한 평가는 극단적으로 갈린다. 그녀의 초상화를 집에 걸어 놓고 여전히 성녀로 존경하는 이들이 있는 반면, 무절제한 선심성 시책을 남발하여 나라를 망친 장본인으로 비판하는 이들도 적지 않다.

　그녀에 대한 평가가 어떻든 부에노스아이레스의 레꼴레따(La Recoleta) 공동묘지에 있는 에바 페론 묘역에는 오늘도 추모객의 발길과 헌화가 끊이지 않고 있다.

= 차베스주의

지난 20여 년간 베네수엘라뿐만 아니라 라틴아메리카 지역 정치 무대에서 좌충우돌하며 주역으로 활약했던 인물은 풍운아 우고 차베스(Hugo Chavez)이다. 그는 공수부대 중령 시절이던 1992년 페레스정권 타도를 외치며 쿠데타를 일으켰으나 실패하여 2년간 옥고를 치렀다. 1994년 출감해서는 '제5공화국운동'을 결성하고 서민층을 지지기반으로 만들며 정치적 역량을 키웠다.

그리고 1998년 대통령 선거에서 부패 척결과 정치·경제 개혁을 공약으로 내걸어 압도적으로 당선되었으며, 2000년, 2006년, 2012년 선거에서도 여유있게 당선되어 2013년 3월 암투병 끝에 사망하기까지 14년간 베네수엘라를 이끌었다.

우고 차베스

그의 정치노선은 반미(反美)와 반신자유주의, 그리고 급진사회주의로 압축된다. 그는 토지개혁을 통해 대지주들의 토지를 몰수하여 소작농에게 분배했다. 석유산업을 국유화하고, 원유 수출로 번 돈으로 무상의료, 무상교육을 실시했다. 빈곤층에게는 무상 또는 초저

가로 임대주택을 공급하고, 생활보조금을 지급했다. 그는 빈민의 대통령임을 자임했고 국민들은 그를 빈민의 영웅으로 불렀다. 이렇게 하여 국민의 40%에 이르는 빈곤계층을 중심으로 차비스따스(Chavistas)라 불리는 절대적 지지층을 확보했다.

외교무대에서는 노골적인 반미노선을 견지하여 사사건건 미국과 대립하였다. 미국이야말로 세계에서 가장 해로운 국가라고 쏘아붙이며 미국에 대해서 할 말을 하는 지도자로 자신의 존재감을 과시했다. 2004년 12월에는 쿠바의 피델 카스트로와 의기투합하여 미국이 주도하는 FTAA(미주자유무역지대)에 반대하는 대안적 지역공동체 '미주 대륙을 위한 볼리바르 동맹(ALBA)'을 설립했다. 이 동맹에는 2006년 1월 볼리비아를 시작으로 중미와 카리브 지역 국가들이 속속 동참하여 회원국이 총 11개국으로 늘어났다.

한편, 원유를 무기화하여 2005년 9월에는 쿠바, 자메이카, 도미니카 등 카리브 지역 국가들을 끌어들여 에너지동맹협정인 '페트로카리브(Petrocaribe)'를 결성했다. 회원국들에게는 베네수엘라의 원유를 당시로서는 파격적인 배럴당 40달러 수준으로 공급하고, 상환조건도 장기 분할상환에 상품이나 용역으로도 대체할 수 있도록 배려해 주었다.

에너지동맹으로 포장했지만 실상은 원유를 미끼로 한 반미전선의 결집이었다. 베네수엘라가 세계 5위의 산유국이고 세계 1위의 원유 매장량을 보유하고 있는데다가 그의 집권기간 내내 세계 시장에서 고유가가 유지되었기에 이 모든 것이 가능했다.

그러나 공교롭게도 2013년 3월 그가 병사하고 당시 부통령이었던 마두로(Nicolas Maduro)가 대통령직을 승계한 이후부터는 상황이 급변했다. 국제유가의 폭락이 직격탄이었다. 2011년 이후 배럴당 100달러선을 오르내리던 유가는 2014년 말부터 급락하여 2015년에는 배럴당 40달러 아래로 떨어졌다. 국가 재정의 80% 이상을 원유 판매 수입에 의존해 왔고 대부분의 생필품을 수입상품으로 조달해 온 베네수엘라는 한순간에 패닉에 빠졌다.

2016년에 들어와서는 상황이 더 악화되어 생필품 부족, 화폐가치 폭락, 치안 부재, 약탈, 밀수 등 총체적 위기가 깊어지고 반정부 시위도 잇따랐다. 물가는 천정부지로 치솟고, 공식환율 자체가 무의미할 정도로 볼리바르화 가치는 땅에 떨어졌다.

IMF는 2016년 베네수엘라의 GDP 총액이 전년대비 10% 이상 줄었을 것으로 추정하고, 물가상승율은 2017년에 1,660%, 2018년에는 무려 2,880%에 이를 것으로 내다봤다. 전 국민의 60%가 쓰레기장을 뒤져 하루하루를 연명하고 있다는 충격적인 보도까지 있다.

눈앞의 오일머니에 취해 그동안 제조업 육성도, 기반시설 투자도 외면한 채 나눠주기식 복지로 국민을 호도해 온 대가를 베네수엘라는 혹독하게 치르고 있다. 차베스가 소리높여 외쳤던 '21세기 사회주의'는 허상에 불과했다.

▲ 2017 ALBA 정상회의 ▼ 베네수엘라 경제난의 실상

▶▶▶ 잘못된 판단, 포클랜드전쟁

포클랜드전쟁은 정통성이 취약한 아르헨티나 군사정권이 거듭된 실정(失政)으로 인한 내부 불만과 저항을 잠재우기 위한 방편으로 무리하게 일으킨 도발이었다. 패전의 결과 국가위신은 실추되고 막대한 전비 부담으로 인해 경제위기는 깊어졌으며 군사정권도 그 명운을 다했다. 먼저 포클랜드가 어떤 곳인지 알아보고 전쟁의 전개 과정을 살펴보자.

포클랜드(Falkland)는 아르헨티나에서 동쪽으로 약 480km 떨어진 남대서양에 있는 섬으로, 두 개의 큰 섬(동·서 포클랜드)과 770여 개의 작은 섬으로 이루어진 군도(群島)이다. 스페인어로는 말비나스(Malvinas)로 불린다. 면적은 12,000km², 거주인구는 약 3,000명이며 대부분 중심도시인 스탠리(Stanley)에 살고 있다. 남극 탐사를 위한 전진기지 역할을 할 수 있는 전략적 요충지인데다가, 주변 해역은 황금어장이고 원유 등 자원개발 여지도 커 경제적 가치로도 주목받고 있는 곳이다.

이 섬은 1520년 마젤란 탐험대에 의해 발견된 이후 줄곧 스페인의 영향권 안에 있었다. 18세기 후반에 와서는 프랑스와 영국이 몇차례 이 섬을 기웃거렸지만 스페인의 관할임을 인정하고 곧 물러났다.

아르헨티나는 1810년 5월 독립혁명을 기해서 스페인 지배 하에 있던 이 섬의 영유권도 당연히 아르헨티나에 승계되었다고 간주하고, 1820년 관리감독관을 파견한 데 이어 1829년에는 '말비나스 정치·군사 사령부'를 설치하였다. 그런데 1833년 1월 영국이 전함을 동원하여 이 섬을 전격적으로 무력점령하고 아르헨티나인들을 모두 추방해 버렸다.

이때부터 양국은 이 섬의 영유권을 두고 충돌하며 불편한 관계를 이어오고 있다. 아르헨티나는 영국의 포클랜드 지배가 강점에 의한 불법점령이므로 원천무효라고 주장하는 반면, 영국은 실효적 점유에 의한 합법적인 지배라고 맞서고 있다. 유엔도 1960년대부터 이 분쟁을 다루어 왔으며 양국이 평화적으로 문제를 해결할 것을 촉구하는 결의안을 수차례 채택한 바 있으나, 공허한 메아리에 그치고 있을 뿐이다.

1976년 쿠데타를 일으켜 이사벨 페론 정부를 붕괴시키고 권력을 잡은 아르헨티나 군사정권은 라파엘 비델라(1976), 로베르토 비올라(1980)를 거쳐 1981년 12월 레오폴도 갈티에리에게로 대통령직이 이어졌다. 그동안 군사정권은 좌익 게릴라를 소탕한다는 명분으로 반정부 단체와 인사를 폭력적으로 탄압하였다.

이 '더러운 전쟁(Guerra sucia)'으로 인해 수많은 사람이 희생되었고 민심은 급속히 이반되었다. 경제면에서는 섣부른 국영기업 민영화로 인해 해외 금융자본이 엄청나게 유입되었고, 무리하게 1978년 월드컵 대회를 개최하느라 막대한 재정지출을 감내해야 했다.

갈티에리가 집권한 이후에는 경제상황이 더 악화되어 외채가 450억 달러로 불어나고, 인플레이션은 1,000%를 넘나들었으며 거리에는 실업자가 넘쳐났다. 과감한 정치·경제 개혁과 민주화를 요구하는 목소리가 높아졌지만 군부는 그럴 만한 의지도, 역량도 없었다. 궁지에 몰린 군사정권은 내부 불만을 잠재우고 국민들의 관심을 바깥으로 돌리기 위해 포클랜드전쟁이라는 카드를 꺼내들었다.

1982년 4월 2일, 아르헨티나군이 2,500여 명의 해병대와 특수부대 병력을 동원해 포클랜드를 전격적으로 점령했다. 아르헨티나로서는 기선을 제압한 후 사태를 기정사실화하면서 영국과 대치할 수 있다고 판단했을 것이다. 워낙 영국 본토에서 멀리 떨어져 있어 영국이 쉽게 전력을 동원하지 못할 것이라고 보았음직하다.

그러나 영국의 반응은 예상외로 빠르고 단호했다. 마가렛 대처(Margaret Thatcher) 영국 총리는 신속하게 미국과 나토(NATO)의 협조를 요청하는 외교적 조치를 취했다. 4월 5일에는 항공모함, 구축함, 잠수함 등 100여 척의 함정과 전투기 200대로 구성된 기동함대가 병참용 상선의 지원을 받으며 발진했다. 무려 12,800km를 이동해 온 영국 함대는 5월 1일 공격을 개시하여 5월 21일에는 상륙작전을 전개했다. 6월 14일 영국군이 스탠리항을 탈환하자 아르헨티나는 항복했다. 74일 만에 끝난 이 전쟁에서 영국군은 255명, 아르헨티나군은 650명이 사망했다.

영국도 15억 달러의 전비(戰費)를 지출하여 경제적 부담이 적지 않았지만, 거의 국력을 총동원하다시피 했던 아르헨티나는 정치·경제적으로 심각한 타격을 입었다. 패전으로 인해 갈티에리는 불명예 퇴진하고 1983년 치러진 선거에서 라울 알폰신(Raúl Alfonsín)

▲ 포클랜드제도(영국령) ▼ 전쟁 승리 후 개선하는 영국 함대

이 대통령에 당선되면서 군사정권도 종언을 고했다. 패전 후 포클랜드 문제의 주도권이 완전히 영국으로 넘어가 버린 것도 아르헨티나로서는 뼈아픈 일이었다.

2013년 3월, 영국은 포클랜드 귀속 여부는 주민들의 자율의사에 맡기는 게 옳다는 명분을 내세워 주민투표를 실시했다. 이 주민투표에서 주민의 98.8%가 영국령으로 남기를 원한다고 답했다. 영국계 이주민이 절대다수를 차지하고 있으니 당연한 결과였다.

물론 아르헨티나는 이 투표 결과를 애써 무시하고 있지만, 또 하나의 불리한 카드를 쥐게 된 것만은 분명하다. 2014년 6월에는 유엔 반식민지위원회가 양국간 협의를 재차 촉구하면서 사실상 아르헨티나의 입장을 지지하고 나섰는데, 그럼에도 영국이 근본적으로 태도를 바꾸지 않는 한 포클랜드 분쟁 해결은 요원해 보인다.

▶▶▶ 종속이론과 해방신학

2차 세계대전 종료와 함께 라틴아메리카의 고립성이 해제되는 한편으로 수입대체산업화의 실패, 국가 간 및 국내 계층 간 소득격차 확대, 다국적기업의 팽창, 관료적 권위주의 만연 등의 문제가 복합적으로 터져나왔다. 이에 라틴아메리카의 사회과학자들은 '왜 후진국은 저발전을 벗어나지 못하는가?'라는 문제를 치열하게 탐구하였고, 서구의 발전이론이 후진국의 실상을 해결하는 데 적합하지 않다는 결론에 도달하였다. 즉 개발도상국의 경제발전은 각 국가에 맞는 경제발전의 경로나 정책에 의해서가 아니라 중심과 주변으로 구성된 세계 자본주의의 구조에 의해 규정된다는 것이다.

이른바 종속이론(Dependency theories)이다. 이 이론의 핵심은, 중심은 주변을 착취하여 발전하고 주변에는 '저개발의 발전'이 일어난다는 것이다. 이로써 중심과 주변의 격차는 더욱 벌어지고, 일단 주변이 된 국가는 개발이 불가능하고 정치적으로는 억압적인 체제가 나타나기 마련이라고 분석한다.

또한 선진국과 후진국 간의 경제협력마저도 선진국의 후진국에 대한 착취로 특징지워진다고 본다. 1990년대 이후 라틴아메리카에서 반미, 반신자유주의 정서가 확산되고 이념적으로 좌경화의 흐름이 거세어진 배경도 이 종속이론과 무관하지 않다. 대표적인 종속이론가로는 프랭크(A. G. Frank), 까르도소(F. H. Cardoso), 월러스테인(Wallerstein) 등이 있다.

한편, 라틴아메리카 정세가 극히 혼미하고 대다수 서민들이 빈곤과 사회적 불평등에 신음하고 있던 1960년대에 새로운 시각에서 가톨릭교회의 역할을 모색하려는 신학운동이 나타났다. 곧 해방신학이다. 해방신학은 과거 식민지배 시절로 거슬러 올라가 가톨릭교회가 식민지 통치체제의 일원이 되어 가난하고 핍박받는 이들을 외면해 왔다는 반성에서부터 출발했다.

라틴아메리카 각국은 19세기 초 명목상으로 독립을 일구어 냈지만, 이것이 국민 개개인의 정치적 자유와 경제적 평등으로 이어지

제2차 바티칸 공의회

지는 않았다. 오히려 서구 국가들이 내세운 진보, 자유, 평등, 기회의 가치들이 라틴아메리카에서는 약탈, 억압, 가난, 불평등의 모습으로 나타났다.

  이러한 상황 속에서 성경이 말하는 해방과 자유를 어떻게 찾을 수 있을 것인가 고민하는 가운데 태어난 것이 해방신학이다. 그 고민의 결과는, 교회가 사회적 약자의 입장에 서서 사회적·정치적·경제적 불평등과 부조리로부터 이들을 해방시키기 위해 적극적인 역할을 해야 한다는 것이었다. 그래서 해방신학은 상황적인 신학이고 실용적인 신학이며 실천적이고 비판적인 신학이다.

  해방신학을 배태시킨 첫 번째 산파는 제2차 바티칸공의회(1961~1965)의 가르침이라고 볼 수 있다. 이 공의회를 통해 '시대에의 적응'

을 강조하며 교회가 지켜 온 보수적인 면을 탈피하고 성경을 재해석하려는 공감대가 형성되었기 때문이다.

이 영향 속에서 1968년 콜롬비아의 메데인(Medellín)에서 열린 제2차 남미 주교회의에서 주교들은 교회가 하느님의 백성인 가난한 자들의 인간으로서의 가치를 중하게 여기고 구조화된 사회악을 비판하고 극복하는 역할을 해야 한다고 선언하였다. 이후 1979년 개최된 제3차 남미 주교회의까지의 11년 사이에 해방신학은 라틴아메리카에서 폭넓게 확산되었다.

요컨대 불평등과 부조리가 만연한 사회에서 가난한 자들의 입장에서 교리를 해석하고 교회의 사회 참여를 강조한 해방신학은, 라틴아메리카 사람들에게는 말 그대로 역사의 질곡과 정치적 억압, 빈곤으로부터 해방될 수 있다는 희망의 빛이었던 것이다.

11. 오늘의 라틴아메리카

▶▶▶ 라틴아메리카 정세를 읽는 키워드

21세기를 열어가는 이즈음 라틴아메리카는 지구촌 그 어느 곳 못지않게 스포트라이트를 받고 있다. 좋게 말하면 역동적이고, 다른 시각으로 보자면 매우 불안정하고 혼란스럽다. 정치적으로는 미국이 주도해 오던 질서가 크게 흔들리고 있고, 이념적으로는 한때 거세게 좌편향 물결이 일었다가 다시 우클릭하는 추세를 보이고 있다.

경제적으로는 원유를 비롯한 천연자원의 국제시장 가격이 떨어지면서 대부분의 나라가 경기 침체와 성장 둔화 또는 후퇴의 위기를 맞고 있다. 일상의 삶이 팍팍해지면서 그러잖아도 취약하던 치안상태가 더 악화되고 고질적인 마약, 조직범죄도 수그러들지 않고 있다.

여기에 미국 트럼프 행정부의 출범으로 라틴아메리카 전체가 바짝

긴장하고 있다. 그가 선거 때 공약했던 대로 보호무역을 강화하는 한편으로, 불법 이민 체류자 추방 및 신규 이민 유입 제한, 이민자들의 본국 송금 제한을 실행에 옮길 경우 가장 큰 피해를 입게 될 지역이 바로 라틴아메리카이기 때문이다.

이제 몇 가지 키워드를 중심으로 오늘의 라틴아메리카 정세를 좀 더 깊이 진단해 보자. 무엇보다도 이 지역에서 미국과 중국의 이해가 갈수록 날카롭게 부딪치고 있는데, 이것이 지역 정세를 좌우하는 중요한 요인이 되고 있다. 먼저 이 점을 짚어 보고, 이어서 오랜 식민지배의 유산에서 비롯되는 내부요인들을 차례로 알아보자.

▶▶▶ 흔들리는 미국의 위상

= 반미의 기수, 차베스의 등장

앞서 살펴보았듯이 미국은 1823년 먼로 독트린을 선언한 이래 라틴아메리카 문제에 깊숙이 개입하면서 미국 중심의 질서를 구축해 나갔다. 필요에 따라 미국의 국익에 부합되는 정권을 지원하고 그렇지 않은 정권은 도태시켰다. 미국의 기업과 금융자본을 앞세워 라틴아메리카의 경제와 산업을 장악해 나갔다. 그 과정에서 종종 도덕성과 신뢰, 국가윤리는 외면되었다. 라틴아메리카를 식민지배하던 유럽이 이 지역에서 물러나고 미국이 새로운 패권국가로 등장한 이 패러다임은 20세기 말까지 공고하게 지속되었다.

이 질서를 흔들기 시작한 인물이 바로 베네수엘라의 우고 차베스이다. 그는 1999년 대통령에 당선된 이래 14년간 집권하는 내내 미국과 대립각을 세우면서 자신의 존재감을 과시했다. 미국이야말로 지구촌을 위협하는 사악한 존재라고 거침없이 쏘아붙이고, 2006년 5월에는 볼리비아의 에보 모랄레스 대통령을 영접하는 자리에서 베네수엘라와 쿠바, 볼리비아 세 나라를 '선의 축(Axis of Good)'이라고 규정지었다. 2002년 1월 조지 W. 부시 미국 대통령이 이란, 이라크, 북한을 '악의 축(Axis of Evil)'이라 부르며 테러국가로 몰아세운 것을 노골적으로 빗댄 것이다.

그리고 하나된 라틴아메리카를 꿈꾸었던 시몬 볼리바르의 후계자를 자처하면서 아예 국호도 베네수엘라 볼리바르 공화국(República Bolivariana de Venesuela)으로 바꾸어 버렸다. 반미노선과 함께 차베스는 미국이 주도하는 신자유주의에 반대한다는 입장을 분명히 하는 한편, 외국 거대자본을 축출하고 석유산업을 국유화했다. 라틴아메리카인들은 이같은 차베스의 행보를 주목하고 지지했다. 그가 일으키는 변화와 개혁에 공감한 것이지만, 그동안 미국의 위세에 눌려 지내던 응어리와 울분을 그가 대신 풀어 주는 데서 느끼는 카타르시스도 한몫 했을 것이다.

그가 선의 축이라고 자찬했던 베네수엘라와 쿠바, 볼리비아 3국은 '미주 대륙을 위한 볼리바르 동맹(ALBA)'을 함께 하면서 지속적으로 반미전선을 주도하였고, 이후 이 지역에 좌파정권이 속속 들어서면서 반미 정서는 더욱 확산되어 나갔다.

= NSA 도청 파문

2013년 6월, 미국을 한순간에 궁지로 몰아넣은 엄청난 뉴스가 터져나왔다. 미국 국가안보국(NSA) 시스템 관리자였던 에드워드 스노든(Edward Snowden)이라는 인물이, 그동안 NSA가 전 세계를 상대로 무차별적인 개인정보를 수집해 온 행적을 폭로한 것이다. 그는 NSA가 매

에드워드 스노든

일 전 세계 수백만 명의 통화기록을 감청해 왔으며 이 중에는 주요 35개국 정상들도 포함되어 있다고 밝혔다. 앙겔라 메르켈 독일 총리, 지우마 호세프 브라질 대통령도 감청 대상이었다. 파문은 컸다. 폭로 자체도 충격적이었지만, 그 후에 벌어진 일련의 사태가 각국의, 특히 라틴아메리카 국가들의 공분을 불러일으켰다.

스노든은 이 사실을 폭로한 직후 러시아에 입국하였고, 정치적 망명을 요청하면서 모스크바공항 환승구역에 머물고 있었다. 이때 미묘한 일이 벌어졌다. 그해 7월 모스크바에서 열린 가스수출국포럼(GECF)에 참석하고 귀국길에 오르던 볼리비아 에보 모랄레스(Evo Morales) 대통령이 황당한 일을 겪은 것이다. 앞서 모랄레스 대통령은 스노든이 원한다면 그의 볼리비아 망명을 허용할 용의가 있다고 밝혔고, 미국은 이를 예민하게 받아들여, 스노든이 모랄레스

대통령 전용기에 탑승하여 모스크바를 탈출할 가능성이 있다고 보았다.

이후 미국의 요청을 받은 유럽 각국은 모랄레스 대통령 전용기의 자국 영공 통과를 거부했고, 경유지를 구하지 못한 이 비행기는 간신히 오스트리아 비엔나 공항에 비상착륙하여 공항경찰의 수색을 받은 후에야 다시 이륙하는 수모를 당한다. 이 사건을 두고 라틴아메리카 국가들은 일제히 미국을 성토하고 나섰다. 남미국가연합(UNASUR)은 특별 정상회의까지 소집하여 미국의 해명과 사과를 요구하였고, 반미감정은 라틴아메리카 전역으로 확산되었다.

특히 브라질이 거세게 반발했다. NSA가 오래전부터 호세프 대통

남미국가연합(UNASUR) 정상회의

령의 이메일과 통화기록을 도·감청하고 국영석유회사인 페트로브라스(Petrobras)의 네트워크까지 일일히 감시해 온 사실이 드러난 마당이었으니 당연한 반응이었다. 브라질은 그해 10월로 예정되어 있던 호세프 대통령의 미국 방문을 전격 취소하고 보잉사 항공기 수십 대의 구매계획도 철회해 버렸다. 브라질이 전통적인 친미국가이고 남미지역에서 브라질이 차지하는 비중이 절대적이라는 점에서 볼 때 브라질과의 관계 악화는 미국으로서는 큰 타격이 아닐 수 없었다.

= 동시다발적 지역분쟁

버락 오바마 미국 대통령은 내치(內治)는 성공적으로 이끌었지만 국제분쟁 해결과 관련해서는 그다지 강한 면모를 보여 주지 못했다는 평가를 받고 있다. 일례로 2014년 2월 발생한 우크라이나 유혈소요사태를 계기로 그해 3월 러시아가 크림공화국을 전격 합병하여 전략요충지인 흑해를 장악했음에도 미국의 반응은 단호하지 못했다.

EU와 함께 러시아에 대한 경제제재에 나섰지만 제재의 강도가 약해서 러시아에 타격을 주지 못했고, 결국 러시아의 크림반도 합병은 기정사실로 굳어져 버렸다. 중동 지역에서도 미국은 고전을 면치 못하고 있다. 이란 핵문제에 대한 해법을 찾느라 10여 년을 허비했고, 2011년부터 계속되고 있는 시리아 사태에 대해서도 적절한 해결방안을 찾지 못하고 있다.

더구나 2014년부터는 이슬람국가(IS)까지 가세함으로써 상황은 더욱 꼬여 버렸다. 집권 2기에 들어와서는 "Pivot to Asia"를 내걸며 한-미-일 삼각공조를 통해 중국을 견제하고자 하였지만, 예기치 않게 과거사 문제를 둘러싸고 한-일 관계가 틀어지면서 이같은 아시아 전략이 차질을 빚고 말았다.

그 틈을 타서 중국은 노골적으로 남중국해 영토 확장에 나서고 있다. 북한 핵문제에 대해서도 6자회담 방식에 매달려 시간만 허비한 채 해결의 실마리를 찾지 못하고 있다. 이렇게 세계 도처에서 외교적 난제에 봉착하다 보니 가까운 라틴아메리카 지역이 미국 외교의 우선순위에서 밀려나 버렸다. 울타리 바깥일에 신경쓰느라 정작 앞마당을 돌보지 못하는 형국이 되어 버린 셈이다.

= OAS의 위상 추락

미주기구(OAS, 스페인어로는 OEA, Organización de Estados Americanos)는 아메리카 각국간의 상호 이해를 촉진하고 분쟁을 평화적으로 해결하기 위한 목적으로 창설된 국제협력기구이다. 미국은 그동안 이 기구를 통해 아메리카 대륙에서 일어나는 주요 사안을 사실상 좌지우지해 왔다.

그런데 최근 OAS의 위상이 예전같지 않다. 미국의 전횡에 염증을 느낀 라틴아메리카 국가들이 미국과 캐나다를 제외한 독자적인 협력기구들을 속속 창설하였기 때문이다. 2004년 결성된 ALBA를 시작으로, 2008년에는 남미국가연합(UNASUR)이, 2011년에는 라틴아메리카-카리브 공동체(CELAC)가 창설되었다.

특히 UNASUR와 CELAC은 역내 현안에 대해 종종 OAS와는 다른 의견을 내놓곤 한다. 2015년 4월 파나마에서 개최된 OAS 정상회의를 앞두고는 다수의 회원국들이 쿠바의 참석을 보장하지 않으면 OAS에서 탈퇴하겠다고 엄포를 놓기까지 했다. 요컨대 미국이 주도해 온 OAS의 권위와 영향력이 크게 떨어지고 있다.

▶▶▶ 떠오르는 중국

= 아프리카를 넘어 라틴아메리카로

중국은 오래전부터 아프리카에 공을 들여왔다. 중국 경제의 지속 성장을 위해 필요한 지하자원과 에너지가 거기에 널려 있기 때문이다. 매년 중국공산당 주요 지도자들이 대규모 투자, 무상원조, 인프라 건설 지원 등의 선물 보따리를 들고서 번갈아 아프리카를 방문해 왔다.

지난 20여 년 동안 중국 외교부장의 매년 첫 순방지는 아프리카였다. 2017년 1월에도 왕이 외교부장이 아프리카 5개국을 순방했다. 시진핑 주석의 2017년 첫 외교 일정도 짐바브웨 대통령과의 정상회담이었다. 이렇게 다방면으로 공을 들임으로써 중국은 아프리카를 확실한 친중대륙(親中大陸)으로 만들어 놓았다.

이제 중국의 눈은 라틴아메리카로 향하고 있다. 이른바 중남미

공정(中南美工程)이다. 이는 아프리카 공략과는 차원이 다른 의미를 지닌다. 라틴아메리카는 바로 미국이 절대적 영향력을 행사해 온 그들의 앞마당이기 때문이다.

= 중남미 공정

2014년 시진핑 주석은 남미를 두 차례 방문하여 200억 달러 규모의 중남미 인프라 협력기금 조성을 약속하는 한편, 가시적인 사업으로 브라질–볼리비아–페루를 잇는 남미대륙 횡단철도 건설을 제안했다. 중국 기업이 시공에 참여하는 조건으로 중국 국유은행에서 100억 달러에 달하는 철도사업비를 지원하겠다는 것이다.

중국은 이 프로젝트를 태평양과 대서양을 잇는다는 뜻을 담아 양양철도(兩洋鐵道)로 명명했다. 그해 7월 브라질에서 열린 BRICS 정상회의에서는 신개발은행(NDB, 초기 출자금 500억 달러)을 설립하기로 하고 본부는 상하이에 두기로 합의했다. 2015년 1월에는 베이징에서 중국–라틴아메리카 협력포럼 창설을 선포했다.

이 자리에는 베네수엘라, 에콰도르, 코스타리카 대통령을 비롯하여 라틴아메리카 20개국 외무장관들이 대거 참석하였다. 시진핑 주석이 각국 대표들을 접견하는 모습에서는 옛 왕조시대에 조공국 사신들이 일제히 늘어서서 중국 황제를 알현하는 광경이 연상될 정도였다. 중국은 이 포럼을 통해 향후 10년간 중남미에 2,500억 달러를 투자하겠다고 선언했다. 가히 중국판 마셜플랜으로 불릴 만하다.

최근들어 중국의 라틴아메리카 진출이 특히 두드러져 보이지만, 사실 중국은 오래전부터 꾸준히 이 지역에 대한 영향력을 확대해 왔다. 이미 브라질, 아르헨티나, 우루과이 등 대부분의 나라에서 중국이 미국을 제치고 제1위 교역국으로 부상했다. 중국의 4대 국유은행이 2015년 한 해 동안 라틴아메리카 국가에 대출해 준 금액은 290억 달러에 이르러, 세계은행(WB)과 미주개발은행(IDB)의 대출금 합계액을 상회했다.

장갑차, 전차, 헬기 등 군수품 수출도 빠르게 늘어나고 있다. 최첨단 무기보다는 성능 좋은 재래식 무기를 필요로 하는 나라들(아르헨티나, 베네수엘라, 브라질)의 구미에 값싼 중국제 무기가 딱 들어맞는 것이다. 총사업비가 500억 달러에 달하는 니카라과 운하 건설의 경우, 외견상으로는 홍콩의 사업가 왕징(王靖)이 투자하여 설립한 홍콩-니카라과 개발공사(HKND)가 시공을 맡고 있지만, 중국 정부가 배후에서 이 사업을 지원하고 있다는 것은 공공연한 비밀이다.

이 운하가 완공되면 세계 해운물류의 판도가 변할 것임은 물론, 그동안 파나마 운하를 장악하여 전략물자의 국제 이동을 통제, 감시해 온 미국으로서는 안보전략상 큰 구멍이 뚫리는 셈이니 미국의 심사가 편할 리 없다.

정상외교도 활발하게 이어지고 있다. 시진핑 주석은 2013, 2014년에 이어 세 번째로 2016년 11월 APEC 정상회의(페루 리마)에 참석한 후 에콰도르, 페루, 칠레를 공식방문했다. 그에 앞서 리커창 총리는 쿠바를 방문했다. 2015~2016년 동안에 베네수엘라, 아르헨티나, 브라질, 페루 정상들이 속속 중국을 방문했다. 중국이 이들에게 통 큰 투자와 경제협력을 약속했음은 물론이다.

요컨대 미국이 주춤하고 있는 사이에 중국이 빠르게 세력을 불려 미국의 앞마당으로 밀고 들어오는 모양새다. 등소평이 중국 외교 의 근간을 도광양회(韜光養晦, 빛을 감추고 힘을 기른다)로 정하고 향후 적어도 100년간은 이를 지켜나갈 것을 주문했었지만, 장쩌민과 후 진타오를 거쳐 불과 반세기 만에 시진핑은 대국굴기(大國崛起, 큰 나 라로 우뚝 선다)를 내세우며 G2 시대를 선언하고 나섰다. 이제 좋든 싫든 라틴아메리카는 미-중의 자존심과 실리가 맞부딪치는 대결 의 현장이 되어 가고 있다.

▶▶▶ 취약한 산업구조

신대륙 발견 이후 콜럼버스를 비롯한 정복자들과 스페인 왕실이 눈독을 들였던 것은 그곳에 매장된 금, 은이었다. 실제로 수많은 사람들이 전설 속 황금의 도시 엘도라도를 찾아나섰다. 엘도라도 는 실재하지 않는 환상으로 드러났지만, 스페인은 대신 각지에서 광산을 개발하여 막대한 금, 은을 스페인으로 실어 날랐다.

16세기에 볼리비아의 뽀또시(Potosi) 은광과 멕시코의 사까떼까 스(Zacatecas) 은광 등에서 채굴된 은이 유럽으로 흘러들어가 유럽의 은 보유량은 7배로 늘어났다. 땅속에서 캐낸 부(富)는 유럽으로 빠져나갔지만 어쨌거나 광업은 신대륙의 주된 산업으로 자리잡았고, 그를 뒷받침한 것은 값싼 원주민 노동력이었다. 이것이 오늘날까지 이어져 대부분의 라틴아메리카 국가가 노동집약적 생산방식으로 특정 광물자원을 생산, 수출하는 1차산업 구조의 틀을 크게 벗어나지 못하고 있다.

또 하나 식민통치자들이 찾아낸 부의 원천은 농작물이었다. 초기에는 원주민 인력으로, 원주민이 줄어든 이후에는 아프리카에서 데려온 노예들을 써서 대농장에서 사탕수수, 바나나, 커피를 재배했다. 오늘날 라틴아메리카 각국, 특히 중미 지역에서 몇몇 작물에 치우친 플랜테이션 농업이 고착화된 연유가 여기에 있다. 과테말라는 사탕수수-바나나-커피, 엘살바도르는 커피, 온두라스는 바나나-커피-잎담배, 니카라과는 커피와 사탕수수, 코스타리카는 바나나-커피-파인애플, 파나마는 바나나와 커피, 쿠바는 사탕수수와 커피, 에콰도르는 바나나-커피-카카오, 콜롬비아는 커피-바나나-사탕수수 생산에 특화되어 있다.

반면 라틴아메리카 각국의 제조업 기반은 전반적으로 부실하다. 물론 대공황 이후 라틴아메리카에서도 1차산품 의존형 경제에서 탈피하여 공업화를 이루고자 하는 수입대체산업화 시도를 했었다. 그 결과 식료품, 담배, 음료, 섬유, 직물 등 소비재 산업에서 어느 정도 생산 기반을 구축하기도 했다. 하지만 전반적으로 보면 라틴아메리카에서 수입대체산업화는 기대한 만큼 성과를 거두지는

뽀또시 은광

못했고, 여전히 대부분의 나라에서 광업과 농업부문이 종사인구나
GDP 기여면에서 큰 비중을 차지하고 있다.

그런데 이같은 산업구조는 그 자체로 아주 취약하다. 차베스 사
망 이후 국제 유가의 급락으로 베네수엘라가 최악의 경제난을 겪
고 있는 상황이 이를 잘 말해 준다. 주력 수출품이 국제시장 가격
변동에 종속되어 있어 국가재정 운용이 불안정할 수밖에 없고, 이
것은 바로 수입 공산품 조달에 영향을 미쳐 국민의 일상생활이 고
달파지게 되기 때문이다.

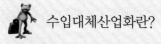 ## 수입대체산업화란?

　내수시장 판매를 위한 제조업 상품을 생산하는 데 초점을 두는 경제발전 전략을 말한다. 제3세계 국가들은 식민시대부터 형성된 왜곡된 산업구조에서 벗어나기 위해 1930년대 초부터 라틴아메리카를 중심으로 수입을 대체할 수 있는 제조업 부문을 육성하기 시작한다. 초기에 개도국 정부들은 유치산업을 지원하고 외국과의 경쟁을 차단할 보호조치를 강화했다. 보호관세를 적용하고 각종 보조금 및 외환시장에서의 특혜가 주어졌다. 수입대체산업이 생산한 소비재의 구매 촉진을 위해 임금을 인상하고 사회복지 지출을 늘렸다.

　이러한 방식으로 1950년대까지 상당한 경제성장과 산업화를 달성했지만 1960년대에 들어오면서 이 전략에 내재한 모순이 드러났고, 이로 인해 역동성을 상실하게 된다. 우선 보조금과 특혜관세에 의해 국내산업을 보호 육성하는 것은 한계가 있을 수밖에 없고 결국 경쟁력이 취약해져 생존하기가 어렵게 된다. 국내시장이 포화상태에 이르면 수출에서 활로를 찾아야 하는데 품질이 낮은 제품으로는 이것도 용이하지 않은 일이다.

　결국 만성적인 무역적자와 외채증가가 따를 수밖에 없다. 라틴아메리카 각국에서도 비효율적인 수입대체산업화 정책으로 인해 발생한 재정적자 보전을 위해 1960~70년대에 외국자본이 대량 유입되었고 이는 1980년대 외채위기로 이어졌다. 이런 점에서 보면 1970년대를 전후하여 수입대체산업화를 성공적으로 이뤄내고 나아가 중화학공업 투자를 통해 산업국가로 도약한 우리나라의 경제발전 경험은 세계적으로 유례를 찾기 힘든 성공사례라고 하지 않을 수 없다.

▶▶▶ 마약, 치안 부재

＝ 마약

라틴아메리카 지역이 안고 있는 골칫거리 중 하나가 마약 문제이다. 특히 콜롬비아와 중미 각국, 그리고 멕시코는 세계 최대 마약 시장인 미국과 연계되어 있으며 그 뿌리도 깊고 해결도 쉽지 않다. 우선 대표적인 마약 생산지는 코카인 트라이앵글(Cocain Triangle) 지역이다. 콜롬비아와 페루, 볼리비아의 접경지역 일대를 일컫는데, 여기서 전 세계 코카인의 98%가 생산되는 것으로 알려져 있다. 한편 마약 유통과 관련해서는 마약 카르텔에 대한 이해가 필요하다.

1980~90년대에는 콜롬비아 메데인(Medellín) 카르텔을 이끌었던 에스꼬바르(Pablo Escobar)라는 인물이 코카인 유통의 주역이었다. 그가 코카인 생산지를 장악하고 중미 지역 및 멕시코 운송업자들과 결탁하여 미국으로의 밀반입 흐름을 주도했다. 1990년대 이후에는 멕시코 마약상들도 단순한 운송 중개에서 벗어나 직접 제조와 유통으로 영역을 넓히기 시작했다.

멕시코 마약조직으로는 티후아나, 걸프, 시날로아 카르텔이 대표적이며, 미국에서 유통되는 수입 마약의 70% 정도를 이 멕시코 카르텔이 장악하고 있는 것으로 알려져 있다. 2001년 9 · 11테러 이후에는 미국의 국경 통제가 강화되면서 미국으로의 마약 반입이 어려워졌다.

그러자 마약조직은 멕시코 내국인들에게도 마약을 풀었고, 특히 멕시코 북부지방에서 자체 소비가 급증했다. 멕시코로서는 걱정거리가 하나 더 늘어난 셈이다. 이에 2006년 집권한 펠리페 칼데론(Felipe Calderón) 대통령은 마약과의 전쟁을 선포하고 연방군을 동원하여 강력한 소탕정책을 펼쳤다. 그의 집권기간 중 마약사범 4만여 명을 체포하는 성과를 올렸지만 소탕 과정에서 무려 6만여 명이 사망하는 피해를 낳기도 했다.

마약조직의 수뇌를 검거 또는 살해하면 그 자리를 놓고 하부조직 간의 권력다툼이 일어나 폭력이 확산되고, 주민들은 더 공포에 떨어야 하는 상황이 벌어졌다. 소탕전을 지휘하던 정부 고위인사들이 살해되고, 진압군 간부가 마약조직과 내통하는 일도 비일비재했다. 결국 칼데론 대통령의 강경책은 실패로 돌아가고 치안상황은 더 악화되고 말았다. 2012년 집권한 니에또 대통령은 이를 의식하여 마약과의 전쟁에서 일단 발을 뺐지만, 그렇다고 사태가 호전되지는 않고 있다. 니에또 집권 이후 살인 범죄는 더욱 늘어나고 있으며, 대부분은 마약조직의 소행으로 조사되고 있다.

콜롬비아 정부도 1989년부터 대대적인 마약조직 소탕에 나섰다. 미국에서 소비되는 마약의 대부분이 콜롬비아로부터 유입되고 있는 현실을 감안하여 미국 정부도 이 소탕작전을 적극 지원했다. 그러나 무장 마약조직의 저항이 거센데다가, 코카인의 밀매와 정제에 100만 명 이상이 종사하며 생계를 유지하고 있는 것이 현실인지라 그다지 큰 성과는 거두지 못하고 있다.

다행히 최근 반군과의 평화협상이 진전됨에 따라 마약 재배와

멕시코 마약 소탕 작전

밀매의 온상이었던 FARC가 무기를 내려놓고 제도권 정치로 들어오게 되었는데, 앞으로 마약을 둘러싼 상황에 어떤 변화가 있을지 주목된다. 요컨대 마약시장은 워낙 이권이 클 뿐만 아니라 생산과 유통 과정에 많은 서민들의 일자리가 걸려 있어서 근절하기가 쉽지 않다. 앞으로도 라틴아메리카 각국 정부는 마약조직과의 힘겨운 싸움을 계속할 수밖에 없을 듯하다.

= 치안

2016년 멕시코의 NGO인 공공안보·사법시민위원회는 인구 10만 명당 살인건수를 기준으로 조사하여 세계에서 가장 위험한 50개 도시를 선정 발표했다. 이 중에는 라틴아메리카 지역 도시가 무려

41개나 포함되어 있었다. 가장 위험한 도시 1위는 베네수엘라의 카라카스가 꼽혔고(10만 명 당 119.8건), 온두라스의 산페드로술라(111건)와 엘살바도르의 산살바도르(108.5건), 멕시코의 아카풀코(104.7건)가 그 뒤를 이었다.

이 조사 결과는 라틴아메리카의 치안이 전반적으로 얼마나 취약한지를 단적으로 보여 주고 있다. 2016년 하계올림픽이 열렸던 브라질 리우데자네이루는 도시 전체가 안전지대와 우범지대로 확연히 나뉘어져 있고, 우범지대에는 경찰력도 거의 미치지 않는다. 2011년부터는 정부 차원에서 리우 빈민가를 대상으로 대대적인 범죄소탕작전을 벌여오고 있지만 그다지 효과를 보지 못하고 있다. 라틴아메리카는 왜 이렇게 치안이 좋지 않을까? 그 원인은 매우 복합적이다.

첫째, 마약 관련 범죄가 줄지 않고 있다. 마약조직이 공권력에 저항하는 경우든 아니면 마약조직 간의 암투든, 그 피해 양상은 잔혹하고 파괴적이기 마련이다. 그 과정에서 무고한 시민들이 희생되기도 한다. 마약 상습 복용자가 저지르는 범죄도 심각하다. 마약 구입 비용 마련을 위한 강도나 환각상태에서 자행하는 비이성적 범죄를 포함한다.

둘째, 빈곤에 내몰린 생계형 범죄이다. 라틴아메리카는 세계에서 가장 계층 간 소득격차와 불평등이 심한 지역 중 하나이다. 전반적인 소득수준이 낮기도 하지만, 빈곤층 인구 비율이 높다는 것이 더 큰 문제이다. 이에 더하여 최근 최악의 경제위기에 처해 있는 베네수엘라의 경우, 생필품 부족으로 인해 상점 약탈이나 노상

베네수엘라의 생필품난

강도가 다반사로 일어나고 있다.

셋째, 인종 간 갈등에 기인한 범죄이다. 발생빈도는 많지 않지만 늘 잠재적인 위험요인이 되고 있으며, 특히 자칫하면 집단적 충돌로 비화할 우려가 크다.

넷째, 정치적 불안정으로 인한 치안 부재 상황이다. 정치가 불안정하면 사회 전체가 불안정해지기 마련이고 집단시위나 소요가 잇따를 여지가 커진다. 호세프 대통령 탄핵과 그 후유증으로 홍역을 치르고 있는 브라질, 마두로 대통령의 독선과 실정으로 소요가 끊이지 않고 있는 베네수엘라가 이를 잘 보여 준다. 앞으로도 당분간은 라틴아메리카의 치안사정이 눈에 띄게 나아질 것 같지는 않다. 결코 가볍게 여길 수 없는 라틴아메리카 리스크이다.

▶▶▶ 정신적 지주, 가톨릭

＝ 가톨릭의 신대륙 전파

711년부터 이베리아 반도를 지배해 온 이슬람교도인 무어(Moor) 인들을 축출하고 고토(故土)를 회복해 나간 전쟁을 스페인인들은 레 꽁끼스따(Reconquista, 국토회복전쟁)라고 부른다. 1469년 까스띠야 왕국의 이사벨 1세와 아라곤 왕국의 페르난도 2세의 결혼을 통해 강력한 통합 가톨릭 왕국이 탄생하면서 레꽁끼스따도 종결 국면으 로 들어간다. 1479년 로마 교황청은 유럽에서 이슬람교를 몰아내 고 가톨릭을 수호한 공적을 기려 이 부부에게 가톨릭 공동왕(Los Reyes Católicos)의 칭호를 부여한다.

콜럼버스가 신대륙을 발견하고 돌아오자 스페인 왕실은 새로운 땅에 복음을 전파하기 위해 콜럼버스의 2차 항해 때부터 선교사들 을 동행시켰다. 가톨릭 수호자로서의 자부심이 가득했던 스페인 왕 실은 신대륙을 무력으로 식민화하는 데 그치지 않고 원주민들의 영 혼도 정복하기를 원한 것이다.

그러나 원주민들에게 가톨릭 신앙을 주입하는 과정에서 원주민 고유의 삶과 문화, 토속신앙은 속절없이 파괴되었다. 원주민들은 토착신을 대신하여 하느님을 믿어야 했고 강제로 교회에 나가 기 도를 올려야 했다. 이런 강압적인 분위기 속에서도 원주민들은 나 름대로 자신들의 토착신앙을 지키고자 애썼고, 식민지배 당국도 차츰 토착신앙의 말살이 능사가 아님을 깨닫게 되었다.

과달루뻬 성모

이런 사정을 거쳐 가톨릭과 토착신앙이 공존하는 형태로 자리잡게 된 대표적인 상징이 과달루뻬 성모이다. 갈색 피부에 검은 머리의 과달루뻬 성모는 이후 라틴아메리카의 독립과정에서 저항세력을 결집시키는 구심점이 되었고, 오늘날까지 라틴아메리카 가톨릭의 정체성을 나타내는 표상이 되고 있다.

= 가톨릭의 명(明)과 암(暗)

1508년, 교황 율리우스 2세는 스페인의 신대륙 식민정책에 종교적인 정당성이 있음을 인정했다. 이에 따라 스페인은 식민통치를 합리화할 수 있는 명분을 얻게 되었다. 스페인 왕실은 신대륙 원주민들을 가톨릭으로 개종시키는 의무를 지는 대신 교황으로부터 신대륙에서의 주교 임면, 교구 설치, 교회 건축, 십일조 징수 등 포괄적 권리를 부여받았다. 그러나 실제 복음을 전파하는 과정에서 원주민들의 삶과 문화는 야만적이며 하느님의 교리에 어긋나는 것으로 치부되어 탄압받고 파괴되었다.

과달루뻬 성모 이야기

1531년 12월 어느날 새벽, 멕시코 원주민인 후안 디에고(Juan Diego)가 미사에 참례하기 위해 멕시코시티로 향하던 중 떼뻬약(Tepeyac) 산에 이르렀을 때 갑자기 갈색 피부를 지닌 성모 마리아가 나타났다.

성모 마리아는 후안에게 이르기를, 멕시코시티 주교에게 가서 '뱀을 무찌른 여인'이라는 뜻인 꼬아딸호뻬(Coatalxope)라는 이름으로 당신을 기념할 성당을 지으라고 전하라 하셨다. 후안 디에고가 멕시코시티로 가서 이 말을 전했지만 당시 주교였던 수마라가는 믿지 않았다. 이에 성모 마리아가 다시 후안에게 나타나 자신이 나타났다는 증거로 한겨울에는 볼 수 없는 장미 한다발을 후안의 품에 안겨 주었다.

후안은 다시 주교에게 가서 성모 마리아의 말씀을 전하며 가슴에 품고 있던 장미꽃다발을 펼쳐 보였다. 순간 장미꽃이 땅에 떨어지면서 후안의 옷자락에 그가 묘사했던 성모 마리아의 모습이 새겨졌다. 이에 놀란 주교는 성모 마리아가 나타난 떼뻬약 언덕에 성당을 짓고, 꼬아딸호뻬와 음성학적으로 비슷한 스페인어를 써서 과달루뻬(Guadalupe)라고 이름지었다. 과달루뻬 성모는 원주민들에게 남다른 의미로 다가갔으며, 이후 신대륙의 복음화에 결정적으로 기여하였다.

원래 떼뻬약 언덕은 아즈텍 부족의 여신이었던 또난친(Tonantzin)을 경배하던 곳이었기에 원주민들은 과달루뻬 성모를 또난친의 다른 모습이라고 여겼으며, 과달루뻬 성모는 가톨릭과 원주민 토착신앙을 결합시키는 매개가 되었다. 현재 멕시코시티의 대성당에 있는 과달루뻬 성모는 '라틴아메리카의 어머니'로 여겨지고 있다.

예컨대 1535년 처음으로 유카탄 반도에 발을 들여놓은 프란체스코회 사제들은 원주민을 진정한 신앙의 길로 인도한다는 명분을 내세워 마야인의 신상을 파괴하고 신전을 불살랐으며, 그들의 춤과 노래에도 악마의 혼이 깃들어 있다며 이를 금지시켰다. 또한 마야 문자로 쓰여진 책들은 내용이 미신과 사악한 거짓으로 채워져 있다고 보아 모두 불태워 버렸다. 이로 인해 마야인의 역사, 과학, 천문학 서적과 족보, 전기(傳記), 예언서 등 귀중한 기록물들이 거의 사라져 버렸다.

한편, 식민지배 체제가 공고해지면서 가톨릭교회는 부왕을 정점으로 한 관료 및 스페인 군대와 함께 3대 지배집단의 하나가 되어 대토지를 소유하며 원주민 위에 군림했다. 하지만 복음화 과정에 어두운 면만 있었던 것은 아니며, 원주민을 교화하고 신대륙의 근대화에 기여한 바가 컸다는 점 또한 부인할 수 없다.

특히 16~17세기 신대륙 원주민을 교화하는 과정에서는 예수회의 역할이 컸다. 하느님과 교황에 대한 절대 순종을 지향한 예수회는 선교활동과 더불어 원주민들을 깨우치고 그들의 삶을 개선하는 데 진력했다. 각지에 학교와 도서관을 세우고 책을 보급했으며, 농사와 방직기술을 가르치고 자급자족적인 공동체를 건설했다. 그러나 18세기로 접어들자 포르투갈과 스페인 왕실은 예수회가 신대륙에서 세력을 키워 나가는 것을 못마땅하게 여기게 되었다. 1759년 포르투갈이 먼저 예수회 선교사들을 브라질에서 추방하였고, 1767년에는 스페인이 신대륙에서 예수회 선교사들을 추방하였다.

하지만 예수회 추방과 함께 그동안 예수회가 주도하여 설립, 운영해 오던 신대륙의 학교와 병원, 자족적 공동체 등 사회시스템이 붕괴되면서 스페인 제국은 돌이킬 수 없는 손실을 입었다. 또 버림받은 예수회 선교사들은 당시 새롭게 태동하고 있던 끄리오요 계급과 손잡고 식민지의 독립운동에 앞장서게 된다.

근대에 들어와서도 가톨릭은 지나치게 보수적인 입장을 고집하고, 라틴아메리카 사회가 안고 있는 모순과 불평등을 외면해 왔다는 지적을 받고 있다. 이념적으로는 사회주의의 반대편에 서서 자본주의와 신자유주의를 옹호하고, 독재정권에 대해서는 침묵했다는 따가운 비판도 받는다. 하지만 라틴아메리카는 가톨릭의 토착화가 가장 잘 이루어진 곳이고, 비록 근래에는 신자가 줄어드는 추세에 있다고 하지만 여전히 가톨릭 신자 비율이 70%에 이를 정도로 보편적 종교로 자리잡고 있다. 인종, 직업, 빈부, 교육수준을 떠나 사회 통합을 유지해 나가는 큰 버팀목이기도 하다.

= 프란치스코 교황의 행보

2013년 3월 13일은 가톨릭 역사상 기념비적인 날로 기록될 것이다. 제266대 교황으로 프란치스코 교황(Pope Francis)을 선출한 날이기에 그렇다. 그는 시리아 출신인 그레고리오 3세 교황 이후 1282년 만에 탄생한 비유럽권 출신이며, 역사상 최초의 아메리카 출신이자 최초의 예수회 출신 교황이기도 하다.

본명은 호르헤 마리오 베르고글리오(Jorge Mario Bergoglio)이며 아르헨티나에서 태어났다. 22세 때인 1958년 예수회에 입문하였고 1969년 사제서품을 받았다. 1998년 부에노스아이레스 대교구장이 되었고 2001년 추기경에 서임되었다. 공식 교황명인 프란치스코는 청빈, 겸손, 소박함의 대명사인 '아시시의 성 프란체스코'를 따르 겠다는 의지의 표명일 터인데, 실제로도 청빈하고 소박한 생활을 몸소 실천하며 늘 낮은 곳을 향하는 모습을 보여 줌으로써 만인의 존경을 받고 있다.

프란치스코 교황은 그동안 가톨릭이 세속정치와 거리를 두어 온 전례를 깨고 현실정치 이슈에 대해서도 적극적인 목소리를 내고 있다. 특히 라틴아메리카 지역에서 일어나고 있는 여러 분쟁 현안 을 중재하여 원만한 타협에 이를 수 있도록 뛰어난 수완을 보여 주 었다. 몇 가지 사례를 살펴보자.

2014년 12월, 오바마 미국 대통령은 미국과 쿠바가 국교를 정상 화하기로 했음을 선언했다. 쿠바 혁명 직후 양국이 국교를 단절한 지 53년 만의 일로서, 미국으로서는 라틴아메리카 외교의 최대 걸 림돌이었던 쿠바 문제 해결의 실마리를 찾은 셈이다. 양국의 물밑 협상이 교착상태에 빠졌을 때 프란치스코 교황이 설득에 나서 서 로에게 명분을 찾아주면서 협상의 물꼬를 터준 것으로 알려졌다.

이후 2015년 8월 양국이 서로 대사관을 개설하고, 2016년 3월에 는 오바마 대통령이 쿠바를 공식 방문함으로써 양국 간 해빙 무드 가 이어져 왔다. 라틴아메리카 지역정세 전반의 안정을 위해 매우 다행스러운 일이다.

프란치스코 교황은 콜롬비아 내전 종식을 위한 평화 협상 타결에도 크게 기여했다. 콜롬비아 정부와 FARC는 2012년 11월부터 쿠바 아바나에서 협상을 계속해 왔는데, FARC가 저지른 내전범죄 처벌을 두고 이견을 좁히지 못해 난관에 봉착해 있었다. 이 무렵인 2015년 9월 교황이 쿠바를 방문하

프란치스코 교황

였고, 그 직후에 산토스 대통령이 전격 아바나로 건너가 FARC 지도자 로드리고 론도뇨와 직접 회동하여 합의를 도출해 내고 이후 협상은 급물살을 탔다. 정황으로 보아 교황이 라울 카스트로 국가평의회 의장을 만나 대화의 실마리를 풀어주는 한편, 협상 진전을 위해 쿠바가 적극적인 역할을 해 주도록 주문했을 것으로 추측된다.

베네수엘라 사태의 해결을 위해서도 교황은 애를 쓰고 있다. 마두로 대통령의 실정(失政)과 경제파탄에 분노한 국민들이 야권을 중심으로 대통령 국민소환을 요구하고 있는 데 대해 정부가 강경대응으로 맞서자, 2016년 10월 전국적으로 대규모 항의시위가 일어나고 곳곳에서 유혈충돌이 빚어졌다. 이 와중에 마두로 대통령이 중동 산유국을 순방하고 귀국하는 길에 긴급히 교황을 면담했다.

교황은 이 자리에서 "국민들의 고통을 헤아려 야당과 진지하고 건설적인 대화에 나서줄 것"을 주문하는 한편, 면담 직후에 교황청 특별대사를 파견하여 베네수엘라 정부와 야당 대표와의 평화회담 개최를 주선하도록 했다. 이에 따라 그해 10월 말 양측의 대화 자리가 마련되었다. 베네수엘라 사태는 2017년에 들어와서도 여전히 오리무중이지만, 극단적인 충돌을 피하고 정부와 야당 양측을 설득하여 대화 국면으로 이끈 교황의 역할은 결코 작지 않다.

이제 유럽을 방문하는 라틴아메리카 정상들은 너나없이 일정을 쪼개서라도 교황을 알현하기 위해 애쓰고 있다. 프란치스코 교황이 지닌 아우라가 라틴아메리카 정세 전반에 큰 영향을 미치고 있는 것이다.

▶▶▶ 좌파 이념의 물결, 핑크 타이드

= 밀물

1999년 베네수엘라에서 우고 차베스가 집권한 것을 신호탄으로 하여 라틴아메리카 전역에 좌파 이념의 물결이 거세게 밀어닥쳤다. 이른바 핑크 타이드(Pink Tide)이다. 차베스에 이어 2002년 10월 치러진 브라질 대선에서 노동자당의 룰라(Luiz Inacio Lula da Silva)가 대통령에 당선되었다.

2003년 5월에는 아르헨티나에서 변방 산타크루스 주지사 출신의 정치 신인 네스토르 키르치네르(Nestor Kirchner)가 대통령에 당선되었고, 2004년 10월에는 우루과이에서 광역전선(Frente Amplio) 후보로 나선 따바레 바스께스(Tabaré Vázquez)가 당선되어 우루과이 역사상 첫 좌파정권 시대를 열었다. 2005년 1월에는 볼리비아의 에보 모랄레스(Evo Morales)가 그 뒤를 이었다.

그는 순수 아이마라 원주민 출신으로서 억압과 착취 속에서 어린 시절을 보냈다. 양치기, 빵장수, 순회극단 단원, 코카 재배농장 잡부 등 온갖 직업을 전전하면서 현실정치에 눈뜨고, 결국 사회주의 운동당(MAS)의 후보가 되어 대통령의 꿈을 이룬 입지전적인 인물이다. 2006년 1월에는 칠레에서 중도좌파연합의 미첼 바첼레트(Michelle Bachelet)가 당선되어 칠레 최초의 여성 대통령이 되었다. 이어서 10월에는 에콰도르에서 라파엘 꼬레아(Rafael Correa)가 당선되었고, 11월에는 니카라과에서 산디니스타 혁명을 이끌었던 다니엘 오르테가(Daniel Ortega)가 17년간의 공백을 딛고 대통령으로 컴백했다.

불과 10여 년 사이에 남미 대륙 10개국 중 콜롬비아와 파라과이를 뺀 8개국에 좌파정권이 들어선 것이다. 이들 남미 좌파정권 블록은 중미의 니카라과, 과테말라, 쿠바 등과 더불어 탄탄한 유대를 유지하면서 반미와 반신자유주의 정책을 밀어붙였다. 특히 우고 차베스, 카스트로 형제, 에보 모랄레스, 그리고 라파엘 꼬레아가 강경노선을 주도했다.

= 썰물

그러나 밀물이 있으면 썰물도 있는 법, 핑크 타이드의 흐름은 그리 오래 가지 않았다. 반전은 과테말라에서 시작되었다.

2015년 10월 치러진 대선에서 정치 신인 지미 모랄레스(Jimmy Morales)가 예상을 뒤엎고 좌파 성향의 야당 후보에 압승을 거두며 대통령에 당선된 것이다. 그의 인생역정은 드라마틱하다. 그는 원래 코미디 배우 출신으로 오랫동안 정치풍자 토크쇼를 진행해 왔고, 2007년에는 코미디 영화에 출연하여 우연히 대통령이 될 뻔한 카우보이 역을 맡아 황당한 공약을 남발하며 사람들을 웃기기도 했다. 그런 그가 현실에서는 깨끗한 이미지를 내세우며 정치인들의 부패에 신물이 난 국민들의 마음을 사로잡았다.

그가 내건 구호는 심플했다. "나는 부패하지 않았고 도둑도 아니다(Ni corrupto, ni ladrón!)"가 전부였다. 과테말라에 이어서 2015년 11월 실시된 아르헨티나 대선에서도 예상을 깨고 우파 야당 후보인 마우리시오 마크리(Mauricio Macri)가 집권 여당 후보를 누르고 당선되었다. 이로써 12년간 지속되어 온 좌파 부부 대통령 시대(네스토르 키르치네르-크리스티나 페르난데스)가 마감되었다.

마크리는 기업인 출신으로 명문 구단인 보까 후니오스의 구단주를 지냈다. 집권하자마자 과감한 경제개혁에 착수하여 한때 디폴트 상황으로까지 몰렸던 아르헨티나를 국제 채권시장에 성공적으로 복귀시켜 국가신용을 회복하였고, 국제사회도 그의 시장친화적 개혁조치를 긍정적으로 평가하고 있다.

정권 교체에 성공한 마크리(2015년 11월)

2015년 12월에는 베네수엘라에서 총선이 실시되었다. 여기서도 역시 예상외로 야당연합인 MUD가 전체 의석의 2/3를 뛰어넘는 의석을 확보하는 압승을 거두었다. 국민들의 전폭적인 지지를 받으며 13년간 베네수엘라를 이끌었던 차베스가 사망한 지 불과 2년 만에 국민들이 집권 여당에 등을 돌린 것이다.

달리 말하자면 '21세기 사회주의'의 허망한 구호만으로는 당장 먹고 살기가 힘들어진 국민들의 불만을 달랠 수가 없었다는 뜻이다. 총선 패배 이후 마두로 정부는 총체적 국가 위기상황을 수습해 나갈 통치력을 상실한 채 표류하고 있고, 야권은 정치범 사면과 마두로 대통령의 퇴진을 집요하게 요구하며 정부를 압박하고 있다.

한편, 페루에서는 2016년 4월 대선이 치러졌는데 선거 결과에 관계없이 좌파 정권은 물러나게 되어 있었다. 알베르토 후지모리의 딸 게이꼬 후지모리(Keiko Fujimori)와 경제학자 출신인 파블로 쿠친스키(Pedro Pablo Kuczynski) 두 야당 후보 간의 싸움이었을 뿐, 오얀따 우말라 대통령이 속한 좌파 여당에서는 아예 후보를 내지 못했기 때문이다. 선거는 6월 결선투표까지 가는 접전 끝에 쿠친스키의 신승으로 끝났다. 쿠친스키는 세계은행과 IMF에서 일했던 경제학도로서 2004~2006년 경제금융부장관과 총리를 역임하기도 한 시장주의자이다.

좌파 정부의 퇴진 추세는 브라질로 이어졌다. 브라질에서는 2016년 내내 지우마 호세프(Dilma Rousseff) 대통령 탄핵 공방이 이어지다가 결국 8월에 상원 표결을 통해 탄핵이 최종 확정되었다. 호세프 대통령이 국가재정법을 위반하여 110억 달러 규모의 분식회계를 저질렀으며, 페트로브라스(Petrobras, 국영석유공사)의 입찰 비리에도 연루되어 막대한 정치자금을 챙겼다는 것이다. 호세프 대통령은 강하게 반발했지만 결과를 되돌리지는 못했다. 이로써 룰라 이후 14년간 집권했던 좌파 노동자당의 시대가 끝나고 정권은 연립정부 부통령이었던 중도우파 미셰우 테메르(Michel Temer)에게로 넘어갔다.

정권 교체에까지는 이르지 않았지만 볼리비아와 칠레의 좌파 정권도 흔들리고 있다. 볼리비아에서는 2016년 2월 대통령의 연임 제한을 철폐하는 내용의 헌법개정안에 대한 국민투표가 실시되었다. 2005년 집권하여 3번째 임기를 보내고 있는 에보 모랄레스 대통령이 2019년 대선에 다시 출마할 수 있도록 하는 정지작업이었다.

그는 집권기간 중 매년 5% 내외의 경제성장을 달성하고 실업률을 낮추었으며 빈곤 퇴치에도 성과를 보여 국민들로부터 확고한 지지를 받고 있었기에 개헌안 통과를 낙관했다.

그러나 개헌안은 부결되었다. 비록 그가 그동안 보여 준 경제성적표는 우수했지만 국민들은 더 이상 1인 장기집권은 용납하지 않겠다는 의사를 표명한 것으로 해석된다. 모랄레스가 재출마하지 못하고 그의 카리스마에 필적할 만한 인물이 나타나지 않는다면 차기 대선에서 과연 좌파 정권이 재집권할지 아니면 새로운 우파 정권이 탄생할지 알 수 없는 일이다.

칠레도 바첼레트 정부가 공약했던 개혁정책의 추진이 지지부진한데다가 대통령의 아들이 부당한 이권을 챙긴 스캔들이 터지면서 2014년 취임 초기 65%에 달했던 바첼레트 대통령의 지지율이 30% 밑으로 떨어져 고전하고 있다. 엎친 데 덮친 격으로 2016년 10월 치러진 지방선거에서도 야당에게 패배하였다. 특히 집권 좌파 정권으로서는 수도 산티아고를 포함한 주요 대도시에서 완패한 것이 뼈아팠다. 이 결과 중도우파 국민혁신당을 이끌고 있는 세바스티안 피녜라(Sebastian Piñera) 전 대통령이 차기 대선에서 복귀할 가능성이 커지게 되었다는 분석이 나오고 있다.

에콰도르의 사정도 크게 다르지 않다. 2017년 4월 대선에서 좌파 여당 후보인 레닌 모레노(Lenin Moreno)가 야당 후보인 기예르모 라소(Guillermo Lasso)를 누르고 승리하였지만 근소한 표차(51.1% : 48.9%)의 신승이었다. 라파엘 꼬레아 대통령이 2007년 이래 10년간 에콰도르를 통치하면서 베네수엘라의 차베스, 볼리비아의 에보 모랄레스와 함께 라틴아메리카의 강경 좌파노선을 주도해 왔다는 점을 감안하면 사실상 여당의 패배와 다름없는 결과였다. 실제로 야권은 여당에 의해 곳곳에서 부정선거가 저질러졌음을 주장하며 재검표를 강력히 요구하고 나섰다. 선거 결과가 뒤집어지지는 않겠지만 상당기간 사회적 갈등이 지속되고 좌파 정권의 국정 장악력도 과거에 비해 크게 떨어질 것으로 보인다.

각국의 사정을 종합해 보면 2000년대 초반 라틴아메리카 정치지형을 흔들었던 핑크 타이드는 퇴조의 기미가 뚜렷하다. 하지만 이 민심의 변화가 곧 우파 정권에 대한 확고한 지지를 뜻한다고 섣불리 단정하기도 어려울 듯하다. 핑크 타이드가 어디쯤에서 멈춰설지 지켜볼 일이다.

▶▶▶ 역내 통합을 위한 노력

"북으로는 미시시피 강에서 남으로는 혼곶(남미 대륙 남단)까지!" 19세기 초 누에바 그라나다 지역 독립전쟁을 이끌었던 프란시스꼬 데 미란다(Francisco de Miranda) 장군은 지금의 미국 중남부에서 칠레

남쪽 끝에 이르는 광활한 대륙에 통일된 주권국가를 건설하고자
하는 포부를 밝혔었다.

그의 뒤를 이었던 '해방자' 시몬 볼리바르 역시 라틴아메리카 전
역을 아우르는 단일 연방제 국가 건설을 꿈꾸었다. 그리고 1821년
9월 대콜롬비아 연방을 결성하고 초대 대통령에 취임함으로써 그
꿈에 한발 다가서기도 했다.

그러나 불행하게도 1830년 그가 아직 젊은 나이에 사망하면서
볼리바르의 원대한 꿈도 무산되고 말았다. 비록 볼리바르의 구상
은 결실을 맺지 못했지만 '미국에 필적할 만한 강한 라틴아메리
카'를 향한 노력은 계속되고 있다. 다만 이제는 통일된 국가를 건
설하는 대신 다양한 역내 통합기구를 결성하여 현안 이슈에 대해
통일된 의견을 수렴하면서 라틴아메리카의 정치 · 경제적 영향력
을 확대해 나가는 쪽으로 접근방식이 바뀌었을 뿐이다. 대표적인
역내 통합기구의 면면을 살펴보자.

= OAS(Organization of American States, 미주기구)

중남미권에서는 스페인어 표기인 OEA(Organización de Estados
Americanos)가 더 널리 사용되고 있다. 1951년 12월 미국이 주도하여
창설하였으며 남북 아메리카 35개국이 모두 회원국으로 가입했다.
역내 분쟁을 평화적으로 해결하고 아메리카 국가간의 상호 이해를
증진한다는 목적으로 창설되었지만, 실제로는 미국이 기구 운영을
주도하면서 중요한 의사결정을 좌우하고 다른 회원국들은 들러리

OAS 워싱턴 본부

역할에 머물고 있다는 비판을 받고 있다.

　예컨대 쿠바의 경우, 1962년 쿠바 미사일 사태 직후 미국의 눈밖에 나면서 회원국 자격을 박탈당했다. 2009년에 와서야 겨우 공식적으로 회원국 자격을 회복하긴 했지만, 그 이후에도 미국은 OAS 정상회의에 쿠바가 참석하는 것을 거부해 왔다.

　라틴아메리카 국가들의 반발에도 불구하고 쿠바를 철저히 따돌리던 미국은 2015년 4월 파나마에서 개최된 OAS 정상회의를 계기로 마지못해 쿠바의 정상회의 참석을 받아들였다. 다수의 라틴아메리카 국가들이 쿠바의 참석이 보장되지 않으면 파나마 정상회의를 단체로 보이콧하겠다고 나섰기 때문이다. 중국이 이른바 중남미 공정을 내세우며 노골적으로 중남미 시장을 공략해 들어오고 있는 참이라 오바마 정부로서도 더 이상 쿠바 문제로 발목을 잡혀 있을 수는 없다는 절박함이 있었을 것이다.

어쨌거나 OAS 내에서 절대강자로 군림해 온 미국으로서는 몇몇 회원국들의 압력에 굴복하여 체면을 구긴 모양새가 되어 버렸다. OAS 내에서 미국과 다른 라틴아메리카 회원국들의 위상이 변화되고 있음을 보여 주는 단적인 사례이다.

= UNASUR(Unión de Naciones Suramericanas, 남미국가연합)

2008년 5월에 발족한 정치적 협력체인 UNASUR는 수리남과 가이아나를 포함한 남미 대륙 12개국이 회원국으로 가입되어 있고, 멕시코와 파나마가 옵저버국으로 참여하고 있다. 그동안 남미공동시장(Mercosur)과 안데스공동체(CAN)로 나뉘어져 있던 남미 지역이 비로소 단일 기구 아래 모였다는 데 큰 의미가 있다. 초대 의장국은 칠레가 맡았는데, 당시 미첼 바첼레트 칠레 대통령은 "UNASUR가 21세기 남미의 목소리를 대변하는 명실상부한 대표기구가 될 것"이라는 기대를 피력하였다.

그러나 회원국 간 빈부 격차가 너무 크고 각국의 이념 성향도 상이하여 정책 조율이 쉽지 않은 한계를 안고 있기도 하다. 칠레와 페루, 칠레와 볼리비아, 콜롬비아와 베네수엘라, 콜롬비아와 에콰도르 등 회원국 간 해묵은 국경분쟁도 걸림돌이 되고 있다. 이로 인해 그동안에는 UNASUR의 활동이 기대에 미치지 못하고 있다는 지적이 많았으나, 최근에 들어와서는 역내외 이슈에 대해 적극적으로 개입하며 목소리를 내고 있다.

예컨대 2013년 스노든이 폭로한 NSA 도청 파문과 뒤이은 볼리비아 대통령 전용기의 유럽 영공 통과 불허사태 때 UNASUR가 긴급 정상회의를 소집하여 이를 강하게 성토하고 공동 대응할 것을 결의한 바 있다. 2015년 초 베네수엘라 소요사태가 계속되자 3월에 특별 정상회의를 열고 마두로 정권에 대한 지지를 선언하기도 했다. OAS의 위상이 약화되고 있는 반면에 UNASUR는 상대적으로 활동폭을 넓혀 나가고 있는 양상이다.

= CELAC(Comunidad de los Estados Latinoamericanos y Caribe, 라틴아메리카 · 카리브 국가공동체)

미국이 주도하는 OAS를 대체한다는 명분을 내걸고 2011년에 출범한 라틴아메리카 국가들만의 협력기구이다. 미국과 캐나다를 제외한 중남미 33개국이 회원국으로 가입되어 있다.

최근 미국과 쿠바와의 관계가 개선되면서 출범 당시 내세웠던 명분이 다소 퇴색되었고, 이에 따라 정치적 주장보다는 빈곤 퇴치, 환경 개선, 역내 경제위기 극복 등 다양한 사회 · 경제 이슈를 다루면서 역할 변화를 모색하고 있다. 2017년 1월 도미니카공화국에서 개최된 제5차 CELAC정상회의에서도 국제평화와 안보 주제를 포함하여 민생치안, 기아퇴치, 개발원조, 지속가능한 도시개발, 양성평등, 기후변화와 생물다양성, 마약 근절, 무역, 이민 등 다양한 주제들이 폭넓게 다루어졌다.

또한 CELAC은 CELAC Cuarteto라는 특이한 대표기구를 구성, 운영하고 있다. 이는 CELAC의 전 의장국, 현 의장국 및 차기 의장국 등 3개국에 CARICOM(카리브 공동체) 의장국을 합한 4자회의체를 말하는데, 대외적으로 CELAC을 대표한다. 우리나라는 중남미 지역과의 협력증진을 위해 정기적으로 한–CELAC Cuarteto 외교장관회의를 개최하고 있다. 2016년 9월에는 제5차 회의를 갖고 중소기업과 교육, 과학기술 분야 협력을 강화해 나가기로 하였다.

= MERCOSUR (Mercado Común del Sur, 남미공동시장)

1991년에 창설된 남미지역 경제공동체이다. 창설 회원국은 브라질, 아르헨티나, 파라과이, 우루과이 등 4개국이나, 2012년에 베네수엘라가 정회원국으로 추가되었다. 당초에는 자유무역주의를 표방하며 출범하였으나 회원국에 좌파 정권이 속속 들어서면서 보호무역 기조로 성향이 바뀌었고, 경제협력보다는 정치적 유대를 앞세우면서 정작 경제블록의 역할과 경쟁력을 잃어버리고 있다.

특히 2013년 차베스가 사망하고 브라질과 아르헨티나가 정치·경제적으로 위기를 겪으면서 내부 결속력이 크게 약화되었다. 일례로 2014년에 들어와 아르헨티나가 브라질산 제품에 사전수입허가제를 엄격하게 적용하자, 브라질도 아르헨티나 제품에 대한 통관검사를 강화하여 맞대응하는 식이다.

그 결과 양국 간 교역이 2013년 360억 달러에서 2014년에는 284억 달러로 급감하였다. 블록 내부의 의견 일치가 어렵다 보니 역외 국가

MERCOSUR 사무국(우루과이 몬테비데오)

와의 통상협상도 지지부진하다. 1999년부터 시작된 EU와의 FTA 협상은 지금까지 실질적인 진전을 보지 못하고 있다. 브라질은 적극적인 반면, 자국 산업의 경쟁력 상실을 우려한 아르헨티나가 반대입장을 고수하고 있기 때문이다. 각 회원국이 개별적으로 제3국과 FTA를 체결할 수 없도록 하고 있는 경직된 의사결정구조도 커다란 장애요인이다.

MERCOSUR가 준정치동맹으로 변질되고 보호주의 강화로 경쟁력을 잃어가는 사이에 북부지역에서 태평양동맹이라는 이름의 보다 진보된 경제블록이 탄생했다. 이제 MERCOSUR로서는 획기적인 변화를 모색하지 않으면 존립 자체가 위태롭게 되었다.

= AP(Alianza de Pacífico, 태평양동맹)

2012년 5월 멕시코, 콜롬비아, 페루, 칠레 등 태평양 연안 4개국 대통령이 칠레의 아따까마 사막에 모였다. 이 자리에서 자유무역과 경제통합, 그리고 국제교역의 활성화를 지향하는 새로운 경제 블록이 탄생했다. 즉 '태평양동맹'이다. 이 동맹의 4개 회원국을 일컬어 태평양의 네 마리 퓨마라고 하기도 한다.

동맹국의 총인구는 2억 명을 넘고 GDP는 2조 달러에 이르러 대략 라틴아메리카 전체의 35%를 점한다. 중미의 강소국 코스타리카도 적극적으로 합류의사를 밝히고 있다. 선발주자인 MERCOSUR가 보수적이고 폐쇄적인 운영으로 인해 활력을 잃어버린 반면, 태평양동맹은 개방경제를 내세워 단기간에 영향력 있는 경제통합체제로서의 위상을 굳혀 가고 있다.

이미 동맹국 사이에서는 전체 상품 교역 중 약 92%에 해당하는 품목에 대해 관세를 철폐하였고, 2020년까지는 100% 무관세 교역을 실현하는 것을 목표로 하고 있다. 나아가 태평양동맹은 자본시장 통합까지도 모색하고 있다. 이미 역내 공동주식시장을 창설하여 가동중이다. 외국인 투자에 대해서도 적극적인 태도를 보이고 있는데, 그 결과 라틴아메리카 지역에 대한 전체 외국인 투자의 41%가 태평양동맹 국가에 집중되고 있는 것으로 나타나고 있다.

특히 세계 경제의 중심축으로 부상하고 있는 아시아 국가와의 교역에 적극적이어서, 동맹국 모두가 한·중·일 3국과 FTA를 체결하였거나 체결 예정이며, 아세안 및 인도와의 FTA도 준비중이다.

태평양동맹 결성(2012년)

 정리하자면, 짧은 역사에도 불구하고 태평양동맹이 교역, 투자, 금융 등 모든 분야에서 역동적인 모습을 보여 줌으로써 MERCOSUR에 필적하는 경제동맹체로 확실하게 자리매김했다고 평가할 수 있겠다. 이같은 성과를 바탕으로 하여 양 블록 간 큰 틀에서의 FTA도 조심스럽게 논의되고 있으며, 더 나아가 장차 태평양동맹과 MERCOSUR가 통합하여 거대한 단일 경제블록으로 탄생될 가능성도 배제할 수 없다.

= ALADI 기타

라틴아메리카 지역 통합에서 빼놓을 수 없는 또 하나의 중요한 기구로는, 1981년에 창설되어 남미 10개국과 멕시코가 회원국으로 참여하고 있는 ALADI(Asociación Latinoamericana de Integración, 라틴 아메리카통합기구)가 있다. 이 기구는 1960년대에 출범했던 LAFTA (라틴아메리카 자유무역연합)를 대체하여 발족되었다.

LAFTA가 회원국 간 경제력 격차를 도외시하고 관세 일괄 인하 등 지나치게 경직적인 정책을 고수하여 갈등을 빚었던 데 비해, ALADI는 회원국들의 정치적·경제적 다양성을 존중하고 다자간 협의에 기반한 운영을 추구하고 있다. 하지만 2000년대 들어와서 는 경제협력기구로서의 존재감은 떨어지고, 오히려 정치적 연대기 구로 바뀌어 가고 있는 듯하다.

한편, 중미 지역 경제통합기구로는 SICA(Sistema de Integración Centro americana, 중미통합체제)가 있다. 1993년에 결성되었으며, 중 미 7개국과 도미니카공화국이 회원국으로 참여하고 있다.

우리나라는 SICA와 한-아세안 FTA 방식의 일괄 FTA를 추진하고 있다. 그 외에도 비록 정치적·경제적 비중은 크지 않지만 1973년 에 결성되어 카리브해 14개국이 회원국으로 활동하고 있는 CARICOM(카리브 공동체)도 있다.

▶▶▶ 우리에게 라틴아메리카는 어떤 곳인가?

= 한인 이민사

비록 지구 반대편에 떨어져 있는 머나먼 땅이지만 우리의 라틴아메리카 이민 역사는 의외로 오래전으로 거슬러 올라간다. 크게 세 시기로 나누어 우리의 라틴아메리카 이민사를 살펴보자.

최초의 라틴아메리카 이민은 구한말 멕시코 에네깬(Henequen, 용설란의 일종) 농장으로 팔려간 근로자들이다. 1905년 4월 일본이 사주한 허위광고를 보고 젖과 꿀이 흐르는 땅을 꿈꾸며 모여든 한인 1,033명이 제물포항을 떠나 멕시코로 떠났다.

이들은 40여 일간의 항해 끝에 멕시코 유카탄 반도에 도착하여 에네깬 농장에 분산배치되었다. 저마다 지긋지긋한 가난을 벗어나기 위해, 더 나은 교육 기회를 얻기 위해, 혹은 종교의 자유를 찾아 조국을 떠나왔지만, 그들을 기다리고 있던 것은 노예나 다름없는 혹독한 노동과 학대, 착취와 굶주림뿐이었다. 많은 사람들이 희생되었다. 극한의 고통을 견디며 살아남은 사람들도 1909년 계약기간이 만료되었을 때는 정작 돌아갈 조국이 없었다. 그들은 멕시코에 남아 곤궁한 삶을 이어갈 수밖에 없었다. 이들 중 300여 명은 1921년 3월 쿠바의 사탕수수 농장에 취업하기 위해 다시 쿠바로 이주하였다. 이들 쿠바 한인 후손들은 아바나, 까르데나스, 마딴사스 등지에 흩어져 살고 있으며, 그 수는 1,100여 명으로 추산된다.

두 번째 이민 행렬은 1960년대 남미 지역으로 향했다. 1962년

240

에네껜 농장의 한인들

해외이민법이 제정되면서 해외개발공사가 모집한 농업 이민들이 브라질, 파라과이, 아르헨티나 등지로 떠났다. 이들 초기 농업 이민들의 삶도 신산하기는 마찬가지였다. 섭씨 40도를 오르내리는 불같은 더위와 독충, 풍토병에 시달렸다. 힘든 황무지 개간을 견디지 못하고 도시로 빠져나와 병아리 감별사, 과일장사, 편물, 봉제 등으로 생업을 이어나가기도 했다.

　세 번째로 1990년대 중반 IMF 사태 이후 많은 중산층들이 해외로 이주했다. 북미 쪽은 미국이나 캐나다보다는 이민 절차가 수월하고 투자가치가 있었던 멕시코로, 남미 쪽은 아르헨티나와 브라질로 많은 사람들이 이주했다.

= 교민사회

멕시코에 살고 있는 재외동포는 약 11,300명에 이른다. 멕시코시티에 약 6천 명, 과달라하라에 약 1,500명, 과나후아또에 약 500명이 거주하고 있다. 기아자동차가 몬테레이에 공장을 짓게 되면서 2015년을 기점으로 몬테레이 거주 동포가 크게 늘어나고 있다.

과테말라에는 재외동포 약 5,200명이 살고 있으며, 대부분 수도 과테말라시티와 인근 지역에 거주하고 있다. 1970년대 후반부터 1980년대 초까지 파라과이 이민자들이 미국 진출을 위한 중간 기착지로 과테말라에 정착하기 시작했고, 1978년 온두라스에 있던 한국 봉제공장의 과테말라 이전을 시작으로 40여 개의 우리 봉제업체 진출이 이루어졌다. 이후로도 계속 봉제 및 유관업체의 진출이 이루어져 한때 1만 명을 훨씬 상회하는 큰 동포사회를 형성하기도 하였다.

기아자동차 멕시코 몬테레이공장

콜롬비아에는 1970년대 초 유학생 및 태권도 사범이 진출하면서부터 한인사회가 형성되기 시작하여 현재 약 900명의 재외동포가 살고 있다. 대부분 수도 보고타에 거주하고 있으며, 주로 원단 및 의류 수입 판매업에 종사하고 있으나 최근 인쇄, 조명, 정보통신 등 다양한 분야로도 진출하고 있다.

에콰도르에는 수도 키토에 800여 명, 과야낄 등 지방도시에 400여 명 등 총 1,200여 명의 재외동포가 살고 있으며, 주로 의류 등 판매업에 종사하고 있다.

볼리비아에는 수도 라파스에 300여 명, 산타크루스에 330여 명, 코차밤바에 70여 명, 수크레 및 기타 지역에 40여 명 등 총 740여 명의 재외동포가 살고 있으며 직물업, 상업 등 다양한 직종에 종사하고 있다.

페루에는 1974년 박만복 감독이 페루 여자배구 국가대표팀 감독으로 부임하면서 한인사회가 본격적으로 형성되기 시작하여 현재 약 1,000명의 재외동포가 살고 있다. 대부분 수도 리마에 거주하며, 의류 및 원단 수입 판매, 자동차 부품 판매 등 상업에 종사하고 있다.

박만복 감독과 페루 대표팀

아베쟈네다 한인타운

아르헨티나 거주 재외동포는 대략 3만 명인데 부에노스아이레스
에 2만5천 명, 코르도바에 2천 명, 기타 지방도시에 3천 명 정도가
살고 있다. 부에노스아이레스의 한인타운은 속칭 109촌(村)으로 불
리는데, 예전 109번 버스 종점이 있던 지역이어서 이런 이름을 얻
게 되었다고 한다. 요즘은 볼리비아 이민과 근로자들이 이 지역 외
곽으로 많이 유입되고 있어서 한인타운은 좀 더 의류 도매상가에
가까운 아베쟈네다 지역 일대로 옮겨가는 추세이다. 교민들은 주
로 의류 도소매, 섬유 제조·가공·판매에 종사하고 있다.

브라질에는 대략 6만여 명의 재외동포가 거주하고 있다. 상파울
루에 가장 많은 5만여 명, 리우데자네이루에 3천여 명, 포르투알레
그레에 1천여 명이 살고 있고, 수도인 브라질리아를 포함한 전국

각지에 6천여 명이 고루 분포되어 있다. 상파울루에는 한인타운이자 상가인 봉헤찌로가 잘 알려져 있는데, 이곳에서 약 2만 명의 동포들이 의류가게를 운영하고 있다.

파라과이에는 대략 6천여 명의 재외동포가 거주하고 있다. 수도인 아순시온에 약 5천 명, 브라질 국

상파울루 봉헤찌로

경지역인 시우다드 델 에스떼에 약 1천 명이 살고 있으며 의류, 화장품, 식품, 건설, 제조 등 다양한 직업에 종사하고 있다.

우루과이에는 재외동포 약 300명이 살고 있다. 대부분 수도인 몬테비데오와 인근 지역에 거주하고 있다. 1970년대 이후 포클랜드 근해가 최고의 원양어장으로 부각되면서 우리 어선 40~50척이 상시 포클랜드 어장에서 조업하고 있다. 이 어선들이 몬테비데오를 모항으로 삼고 있는 까닭에 많은 동포들이 선박대리업, 수리업, 식자재 공급 등 원양어업 지원업종에 종사하고 있다.

우루과이 몬테비데오 항구

2012년 현대건설이 우루과이 최대의 에너지 플랜트인 뿐따 델 띠그레(Punta del Tigre) 복합화력발전소 사업을 수주함에 따라 우리 건설인력이 다수 유입되었고, 교민사회도 크게 고무되었다.

= 기회의 땅

라틴아메리카는 예나 지금이나 우리에게는 기회의 땅이다. 단지 차이가 있다면 과거의 기회는 이민자들의 마음속에 신기루처럼 어른거리기만 했지 실재하지 않았던 반면, 오늘의 기회는 다양한 비즈니스 형태로 가시화되고 있다는 것이다.

라틴아메리카는 약 6억 명의 인구가 살고 있고 2015년 기준으로 역내 총 GDP가 7조 달러에 달하는 거대한 시장이다. 원유를 비롯하여 철광석, 구리, 니켈, 주석, 리튬 등 자원의 보고(寶庫)이기도 하다. 사회 전반적인 인프라 기반이 턱없이 부족한 실정이라, 그만큼 무한한 투자 가능성이 열려 있는 곳이다. 특히 도로, 철도, 공항, 항만 등 교통·물류 분야나 석유화학, 발전, 제철 등 기반시설 분야가 유망하며 실제로 우리 기업들의 진출이 급속히 늘어나고 있다.

굵직한 프로젝트들만 꼽아 보더라도 브라질 CSP 상공정 일관제철소(포스코건설, 43억 불, 2012~2015), 베네수엘라 뿌에르또 라크루즈 정유공장 고도화설비 패키지(현대건설. ENG, 43억 불, 2014~2018), 멕시코 까데레이따 정유소 확장공사(SK건설, 13.3억 불, 1997~2000), 칠레 레드 드래건 석탄화력발전소(SK건설, 12억 불, 2015~2019), 파나마 파코 석탄화력발전소(SK건설, 6.8억불, 2011~2016), 우루과이 뿐따델 띠그레 복합화력발전소(현대건설, 6.3억불, 2012~2018), 칠레 차까오 교량 건설공사(현대건설, 3.3억불, 2014~2020) 등이 성공적으로 수행되었거나 진행중에 있다.

주택단지나 산업물류단지 조성, 신도시 건설 분야의 투자 및 시공 참여도 전망이 밝아 보이며, 전자정부, 공간정보, 환경개선, 교육개선 분야에서도 우리의 앞선 경험과 시스템을 수출할 여지가 크다. 최근에는 의료분야 협력사업도 활발히 이루어지고 있다. 정치가 불안정하고 사회·경제적으로도 많은 어려움을 겪고 있는 것이 사실이지만, 라틴아메리카가 지니고 있는 잠재력을 염두에 둔다면 이곳이 우리에게 새로운 블루오션으로 다가오리라는 점은 분명해 보인다.

▲▲▲ 브라질 일관제철소 ▲▲ 멕시코 정유공장 ▲ 우루과이 복합화력발전소

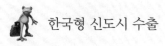

한국형 신도시 수출

볼리비아 제2의 도시 산타크루스에 한국형 신도시, K-Smart City가 조성되고 있다. 분당 신도시의 3배에 해당하는 56km²의 부지에 조성되는 이 신도시에는 총 3조5천억 원의 사업비가 투입되며, 장차 35만 명의 인구를 수용하게 된다. LH공사가 2014년부터 종합적인 컨설팅을 제공하고 사업관리(PM)까지 맡고 있으며, 기본 구상과 마스터플랜 및 실시설계 용역에도 우리 기업들이 참여하고 있다. 볼리비아에서 한국의 신도시 개발 경험을 높이 평가하여 제의해 온 만큼 우리 기업이 시공에도 참여할 여지가 크다.

볼리비아 정부는 양국 간 협력과 우의를 다지는 뜻에서 2017년 3월 이 신도시를 남북으로 가로지르는 폭 80m, 길이 9.8km의 간선도로를 '한국로(Avenida Corea)'로 명명하였다. 해외 건설사업 다각화를 모색하고 있는 우리 정부는 이 사업을 모델화해서 브라질, 페루, 파라과이 등 다른 국가들에서도 후속사업을 발굴, 추진한다는 복안을 가지고 있다.

12. 라틴아메리카의 미래

    콜럼버스의 신대륙 발견으로부터 식민지배 기간 300년, 그리고 19세기 초 일제히 독립한 이후 다시 200년의 시간이 지났다. 이른바 문명세계를 접한 때로부터 약 500년이 흐른 지금 라틴아메리카는 또 한번 기로에 서 있다. 피동적인 역사를 딛고 당당히 세계사의 주역으로 올라설 수 있을 것인가 아니면 이대로 또 주저앉고 말 것인가.

    때마침 2017년 벽두부터 미국발 대충격이 쓰나미처럼 밀려오고 있다. 기존 질서와 가치관이 통째로 흔들리고 있다. 라틴아메리카는 그 쓰나미에 가장 가까이 있다. 우선 그 충격의 진원부터 살펴보자.

= 도널드 트럼프 시대 개막

    2017년 1월 20일, 도널드 트럼프(Donald Trump) 미국 대통령이 취임했다. 세계의 눈은 온통 그에게 쏠렸다. 세계 최강국의 새로운

축구라면 단연 세계사의 주역

라틴아메리카는 늘 소외된 변방지역이었지만 축구에 관한 한 라틴아메리카가 세계 무대의 주역임은 누구도 부인하지 못할 것이다. 펠레, 마라도나, 메시를 모르는 사람이 있을까?

라틴아메리카는 전통적으로 유럽과 함께 세계 축구를 양분하고 있다. 축구의 종주국이 영국이고 세계 최고의 리그인 EPL, 프리메라리가, 분데스리가 등이 다 유럽에 있지만, 거기서 뛰는 일급 스타들 중 상당수가 라틴아메리카 출신들이다. 펠레, 자일징요, 마라도나, 호나우두, 호나우지뉴, 포를란 등 숱한 영웅들이 명멸했고, 현역 스타들도 리오넬 메시, 루이스 수아레스, 네이마르 등 바르셀로나 삼총사를 비롯하여 헤아릴 수 없이 많다.

세계 최고의 스포츠 이벤트인 월드컵이 처음 열렸던 곳도 남미 우루과이였다. 우루과이는 1930년 제1회 월드컵을 개최하고 첫 우승까지 거머쥔 데 이어, 1950년 제4회 브라질 월드컵 결승에서도 당시 최강으로 꼽히던 개최국 브라질에 충격적인 패배를 안겨 주며 우승했다(브라질인들이 결코 잊지 못하는, 이른바 '마라카냥의 비극'이다).

자타가 공인하는 양강인 브라질, 아르헨티나와 함께 늘 우루과이가 남미 축구를 대표하는 강국으로 꼽히는 이유이다. 볼리비아는 객관적인 전력은 그다지 강하지 않지만 홈경기에서만큼은 무적을 자랑한다. 수도 라파스가 워낙 고지대에 위치해 있어 상대팀 선수들은 금방 숨이 차서 헉헉거리는 반면, 볼리비아 선수들은 펄펄 날기 때문이다. 라틴아메리카 최대의 축구 제전인 코파 아메리카(Copa America)가 열리면 각국은 자존심을 걸고 그야말로 피튀기는 승부를 벌이곤 한다.

리더가 탄생하는 순간이기도 했지만, 거기에 더하여 많은 사람들은 과연 지금까지 쏟아냈던 숱한 파격적인 공약들을 그가 그대로 실행에 옮길 것인지 우려하는 시선으로 지켜보았을 것이다. 그동안 그가 내세웠던 공약들을 라틴아메리카 관련 내용을 중심으로 정리해 보자.

첫째, 대원칙으로 미국 국익 우선을 내세웠다. 이제 더 이상 실익 없는 명분에 매달리지 않겠다는 것이다.

둘째, 강력한 보호무역주의를 표방했다. 오바마 대통령이 애써 틀을 잡아놓은 환태평양경제동반자협정(TPP)은 폐기될 운명이다. 자유무역을 선도했던 북미자유무역협정(NAFTA)은 재협상이 불가피해 보이며, 재협상에서 미국에 유리한 결과를 손에 쥐지 않게 되면 탈퇴 수순을 밟게 될 것으로 보인다. 중국과 멕시코산 제품에 대해서는 고율의 관세를 부과하겠다고 공언했다. 특히 멕시코에 대해서는 국경세 개념으로 35%의 관세 부과와 함께, 멕시코에 투자하려던 미국 기업들에게 노골적인 압력을 가하여 투자를 철회하고 미국으로 발길을 돌리게 만들고 있다.

셋째, 강경한 이민정책이다. 미국 내 불법이민자를 추방하고 이민자들의 본국 송금을 제한하겠다고 했다. 미국에 체류하는 불법 이민자는 대략 1,100만 명으로 추산되는데 이 중 라틴아메리카 출신이 74%에 달한다. 라틴아메리카 이민자들이 본국에 송금하는 돈은 연간 650억 달러에 이른다. 특히 이 송금에 크게 의존하고 있는 중미 국가들은 촉각을 곤두세우지 않을 수가 없다. 또한 불법 이민자의 추가 유입과 마약 유입을 차단하기 위해 멕시코와의 국경에 장벽을 건설할 것이며, 그 건설 비용은 멕시코가 부담해야 한다고 몰아붙이고 있다.

넷째, 에너지 정책 전환이다. 미국 내 화석연료 생산을 대폭 확대하겠다는 것이다. 그동안 미국의 친환경 에너지정책과 국내 원유 생산 제한에 힘입어 미국으로 원유를 수출해 온 라틴아메리카 산유국들에게는 타격이 적지 않을 것이다.

다섯째, 대쿠바 정책 재검토를 천명했다. 경우에 따라 대사관을 다시 폐쇄하고 경제제재를 지속할 수도 있다고 했다. 자칫하면 오바마 정부가 간신히 복원해 놓은 쿠바와의 외교관계가 원점으로 돌아갈지도 모른다. 이는 쿠바와의 양자관계를 넘어 라틴아메리카 전체에 부정적인 영향을 미칠 수 있는 사안이다.

전망은 결코 밝지 않다. 그는 취임식에서도 '미국 우선(America First)'을 거듭 강조했다. 멕시코 국경 장벽 건설을 강행하고 건설비용도 멕시코가 부담해야 한다는 입장을 굽히지 않자 뻬냐 니에또(Enrique Peña Nieto) 멕시코 대통령은 1월 31일로 예정되어 있던 방미 정상회담 일정을 취소해 버렸다.

라틴아메리카 국가들의 반발도 심상치 않다. 페루와 콜롬비아는 공개적으로 멕시코 지지 입장을 밝혔고, 1월 24일 도미니카공화국에서 개최된 라틴아메리카-카리브 공동체(CELAC) 정상회의는 긴급 현안으로 미국의 반이민, 보호무역정책을 토의하여 공동대응할 것을 결의하였다.

한편, 트럼프 대통령은 1월 27일 반이민 행정명령에 서명하여 이란, 이라크, 시리아 등 이슬람권 7개국 국민의 미국 입국을 90일간 금지하는 조치를 취했다. 이에 대해 전 세계가 경악하고 미국 내에서도 격렬한 반발과 항의시위가 이어졌지만 트럼프는 꿈쩍도 하지 않았다. 그가 내세웠던 공약(公約)들이 공약(空約)으로 그치지는 않을 것임을 시사해 준다. 우려가 현실이 되고 있다.

≡ 미-중의 패권경쟁

라틴아메리카가 미국과 중국이 맞부딪치는 패권경쟁의 무대가 되리라는 점은 앞서 살펴본 바와 같다. 그런데 트럼프 정부가 출범하면서 이 경쟁구도에도 근본적인 변화가 일어날 것으로 보인다. 사실 라틴아메리카에서 핑크 타이드가 대세를 이루었던 최근 10여 년간 미국은 반미와 반신자유주의의 드센 바람에 밀려 수세에 몰린 형국이었다. 그 틈을 치고 들어온 중국은 경제지원을 앞세워 차례로 라틴아메리카 국가들을 공략하여 친중(親中) 분위기를 확산시켜 왔다.

이에 위기를 느낀 오바마 정부는 집권 2기에 들어와 반전을 모색하기 시작했다. 호세프 대통령이 두 번째 임기를 시작하는 취임식에 바이든 부통령이 직접 참석하여 스노든 폭로사태 이후 소원했던 브라질에 화해의 손길을 내밀었다. 2015년 1월에는 오바마 대통령이 멕시코를 방문하여 정상회담을 가졌고, 400만 명에 이르는 멕시코 불법 이민자 추방을 유예하는 행정명령을 발동하여 멕시코를 달랬다. 2015년 4월 OAS 정상회의에 참석해서는 "미국이 자유롭게 남미에 개입하던 시대는 지났다"고 연설하면서 자세를 낮추었다.

이에 앞서 자메이카에서 개최된 카리브 공동체(CARICOM) 정상회의에 미국 대통령으로서는 33년 만에 직접 참석하여 카리브해 국가들을 포용하는 모습을 보였다. 고심의 역작은 쿠바와의 관계 회복이었다. 2014년 12월 국교 정상화를 선언하였고, 2015년 8월 양국 대사관 개설에 이어 2016년 3월에는 미국 대통령으로서는 88년 만에 쿠바를 공식 방문했다.

이어서 아르헨티나를 방문하여 마크리 대통령의 시장친화적 개혁을 높이 평가하고 지지를 표명했다. 1976년 비델라 장군의 군사 쿠데타를 지지한 미국의 책임도 인정하고, 희생자 추모공원을 찾아 참배하기도 했다.

그런데 이 모든 노력이 수포로 돌아갈지도 모르는 국면을 맞고 있다. 트럼프의 강공이 계속된다면 라틴아메리카에서 반미 정서는 다시 급격히 확산될 것이다. 이제는 과거와 상황이 다르다. 미국이 아니더라도 중국이라는 다른 선택지가 있기 때문이다. 중국으로서는 미국의 영향권에서 이탈하는 라틴아메리카를 자연스럽게 품에 안을 수 있는 절호의 기회가 다가오고 있다. 과연 트럼프 정부는 이런 상황을 용인할 것인가?

= 문제는 경제

2016년 라틴아메리카는 전체적으로 −1.1% 성장에 그쳐 2년 연속 마이너스 성장을 기록했다. 대외수요의 부진, 투자 감소, 원자재 가격의 하락, 내수시장 침체가 겹친 결과였다.

권역별로 보면 중미 지역은 3.6% 성장한 반면, 원자재 수출을 중국에 크게 의존하고 있는 남미는 −2.4% 성장으로 뒷걸음질쳤다. 파탄 위기에 처한 베네수엘라는 말할 것도 없고, 남미를 이끄는 두 축인 브라질이 −3.4%, 아르헨티나가 −1.8% 성장을 기록했다. 향후 전망도 밝지 않다.

우선 미국의 금리 인상과 긴축통화정책의 여파로 당분간 내수시장의 침체가 계속될 전망이다. 중국의 성장이 꺾이면서 각국의 교역이 위축되고 있는데, 미국발 보호무역 강화는 사정을 더욱 어렵게 만들 것이다. 아니나 다를까, 2017년 6월 1일 세계 무역질서를 근본적으로 뒤흔들어 놓는 폭탄선언이 미국에서 터져나왔다. 트럼프 대통령이 백악관 기자회견을 통해 파리 기후변화협약의 이행을 전면 중단하겠다고 선언한 것이다. 이렇게 되면 온실가스 감축 부담을 지지 않게 되는 미국산 제품의 가격 경쟁력이 높아지는 만큼 다른 나라에서 가만 있을 리가 없다. 각국이 미국산 제품에 탄소세 성격의 고율 관세를 부과하는 것으로 맞서게 되면 막가파식 글로벌 무역전쟁을 피할 수가 없게 된다.

특히 미국 의존도가 높은 라틴아메리카로서는 엎친 데 덮친 격이 아닐 수 없다. 그렇다고 상황을 타개할 만한 마땅한 성장동력이 있는 것도 아니다. 물론 국제 유가와 원자재 가격이 상승한다면 경제가 회복국면으로 돌아서는 데 도움이 되겠지만 크게 기대하기는 어려워 보인다. 여러 모로 보아 사정은 녹록지 않다.

하지만 전혀 비관적인 면만 있는 것은 아니다. 우선 미국과의 관계 개선에 힘입어 쿠바가 시장경제를 받아들이게 되면 쿠바에 대한 외국인 투자가 급격히 늘어날 것이다. 이미 중국, 일본, EU가 앞다투어 고위인사를 보내 쿠바와 경제협력의 물꼬를 트기 위해 애쓰고 있다. 우리나라도 조만간 쿠바와 대사급 외교관계를 수립하기 위해 물밑작업을 진행하고 있다.

콜롬비아 내전이 종식되어 이 지역의 정세가 안정되고 있는 것도 고무적이다. 그동안 반군이 장악하고 있던 미개발 지역에 대한 투자가 활발하게 이루어질 것이기 때문이다.

이미 콜롬비아 정부는 도로망 확충을 비롯하여 야심찬 중장기 인프라 개선 계획을 속속 내놓고 있다. 베네수엘라도 지금의 파탄 국면이 마냥 계속되지는 않을 것이다. 마두로 대통령에 대한 국민소환이 실행되지 않더라도 어차피 마두로 정부의 수명은 사실상 끝난 것으로 보인다.

2018년에 들어설 베네수엘라 차기 정부는 민생 안정과 경제 회복을 최우선과제로 내세우지 않을 수가 없을 것이다. 미국도 차베스로 인해 겪었던 낭패를 떨쳐내고 이 지역에 대한 영향력을 회복하는 것이 절실할 터이니, 베네수엘라 재건을 적극적으로 지원하고 나설 것이다. 아르헨티나도 마크리 대통령의 개혁정책에 힘입어 디폴트 위기를 벗어나 안정을 되찾고 있다. 아르헨티나가 남미 경제에서 차지하고 있는 비중을 감안하면 퍽 다행스러운 일이다.

= 선택은 그들의 몫

21세기를 열어 가면서 라틴아메리카는 정치적으로나 경제적으로나 큰 어려움을 겪고 있다. 그렇더라도 이 지역이 엄청난 성장 잠재력을 갖고 있다는 점은 누구도 부인하지 못할 것이다. 6억 인구에 광대한 땅, 풍부한 지하자원을 품고 있고, 동일한 언어를 쓰는 거대한 시장이다. 인프라만 제대로 갖추어진다면 비약적인 성장이 가능한 곳이다. 현재의 난국은 새로운 도약을 위한 성장통일지도 모른다. 핑크 타이드가 퇴조하는 최근의 흐름은 이런 점에서 기대를 갖게 한다. 경제정책의 중점이 분배에서 성장으로 옮겨가고, 현재의 소비보다는 더 나은 미래의 삶을 위한 투자가 늘어날 것이기 때문이다.

또한 역내 정치적·경제적 통합이 이루어진다면 이를 바탕으로 하여 어떤 패권국가에 대해서도 꿇리지 않는 협상력을 발휘할 수 있을 것이다. 문제는 이 모든 가능성이 "If…"를 전제로 하고 있다는 것이다. 라틴아메리카의 미래가 장밋빛일지 회색빛일지는 그들이 어떤 비전을 갖고 세계사의 흐름에 대처해 나가느냐에 달려 있다.

라틴아메리카의 지도자들

멕시코

엔리께 뻬냐 니에또(Enrique Peña Nieto)

2012년 대선에서 승리하여 12년 만에 제도혁명당 (PRI)으로 정권을 되찾아 온 인물. 취임 다음날 정치, 경제, 사회, 문화, 교육 등 국정 전반의 개혁원칙을 담은 '멕시코를 위한 협약(Pacto por México)'을 발표하고 과감한 개혁을 추진. 하지만 개혁 추진과정에서 많은 반발에 직면하고 경제침체까지 겹치면서 지지율이 떨어져 고전중. 2016~2017년 트럼프 대통령의 국경 장벽 건설 강행에 단호한 대응자세를 보여 주면서 다시 지지율이 반등하는 추세. 젊고(1966년생) 준수한 외모를 지닌데다 2010년 톱스타 앙헬리까 리베라(Angelica Rivera)와 재혼하여 화제가 됨.

쿠바

피델 카스트로(Fidel Castro)

1959년 바티스타 독재를 타도한 쿠바 혁명의 주역. 1959년 총리에 취임하고 1976~2008년 국가평의회 의장을 맡아 49년간 쿠바를 통치. 2008년 2월 국가평의회 의장직을 동생 라울 카스트로에게 물려주고 정치일선에서 물러남. 은퇴 후에도 강력한

카리스마를 유지하며 정신적 지도자로 군림하다가 2016년 11월 사망.

라울 카스트로(Raúl Castro)

형 피델 카스트로, 체 게바라와 함께 쿠바 혁명을 이끈 혁명 1세대. 1976~2008년 국가평의회 부의장과 국방장관 역임. 2008년 2월 국가평의회 의장직에 오름. 2009년 미국과 대화할 용의가 있음을 밝혀 주목을 받았고, 이후 오바마 대통령과 함께 미국-쿠바 국교 정상화를 이끌어 냄. 피델 카스트로 사망을 계기로 그의 그늘에서 벗어나 쿠바를 개방과 민주화의 길로 이끌 수 있을지 주목됨.

과테말라

지미 모랄레스(Jimmy Morales)

1969년생인 젊은 정치인. 코미디언 출신으로 20여 년간 정치풍자 토크쇼 등 진행. 2013년 군소정당인 국민통합전선당 사무총장을 거쳐 2015년 10월 대선에 출마하여 좌파 여당 후보 산드라 토레스와 대결. 유세 초반 1%대의 지지율에 불과하였지만 '부패척결' 공약이 먹히면서 대역전승을 거두고 대통령에 당선됨. "나는 지난 20여 년간 사람들을 웃겨왔다. 대통령이 된 후에도 국민들을 울게 하지 않겠다"라는 인상적인 당선소감을 남김. 그의 당선은 라틴아메리카 좌파정권 전성시대(이른바 Pink Tide)의 흐름이 바뀌는 신호탄이 됨.

니카라과

다니엘 오르테가(Daniel Ortega)

1979년 소모사 독재정권을 타도하고 산디니스타 혁명을 이끈 주역. 혁명 후 1984~1990년 대통령을 지냈으며, 이 기간 중 미국의 지원을 등에 업은 콘트라 반군과 치열하게 투쟁하며 반미의 기수로 자리매김함. 1990년 대선에서 비올레타 차모로 (Violeta Chamoro) 후보에게 패해 재선에 실패했고, 이후 1996년, 2001년 대선에서도 연거푸 낙선함. 2006년 대선에서 다시 산디니스타 민족해방전선(FSLN) 후보로 나서 당선됨으로써 17년 만에 권좌에 복귀. 재집권 후에는 사회보장과 경제성장 양면에서 성과를 거두어 2011년에 이어 2016년 대선에서도 낙승함. 특히 2016년 대선에서는 부인 로사리오 무리요 (Rosario Murillo)도 부통령에 당선되어 사상 첫 부부 정·부통령 시대를 염.

콜롬비아

후안 마누엘 산토스(Juan Manuel Santos)

콜롬비아 정치명문가 출신, 하버드대에서 공부한 친미 성향 인물. 전임 우리베 정부에서 국방장관 (2006~2009)을 맡아 반군 소탕작전을 지휘하였으나, 2010년 '평화'를 공약으로 내걸어 대통령에 당선된 이후 자신의 정치생명을 걸고 평화협상에 매진. 2012년부터 아바나에서 반군(FARC)과 평화협상을 진행하여 2016년

11월 최종 평화협정을 체결함으로써 52년간 이어져 온 내전을 종식시킴. 이 공로로 2016년 노벨평화상을 수상하였으며, 상금 11억 원 전액을 반군 희생자 지원 및 화해 프로젝트를 위해 기부함. 2017년 2월부터는 에콰도르 키토에서 제2반군(ELN)과 협상 진행 중.

알바로 우리베(Albaro Uribe)

2002~2010년 콜롬비아를 이끈 전 대통령. 친미 성향의 강경보수파 인물. 재임시 반군 소탕과 마약범죄 근절에 진력함. 반군 강경진압의 동반자였던 산토스가 대통령이 된 이후 입장을 바꿈에 따라 산토스와 대립하게 됨. FARC와의 평화협정이 지나치게 FARC에 유리한 쪽으로 진행되었다며, 그들이 저지른 범죄에 대한 면책을 재고할 것을 집요하게 주장함.

베네수엘라

우고 차베스(Hugo Chavez)

1999~2013년 대통령으로 재임하며 14년간 베네수엘라를 이끈 혁명가. 1992년 페레스 부패정권 타도를 내걸고 쿠데타를 일으켰으나 실패, 투옥되어 2년간 복역 후 1994년 출옥하여 정치활동 재개. 1998년 좌파 정당이 연합한 애국전선 후보로 대선에 당선. '21세기 사회주의'를 기치로 내걸고 반미와 반신자유주의의

선봉에 섬. 재임 중 라틴아메리카 정치에 큰 영향력을 행사. 무상교육, 무상의료 등 복지정책을 펼쳐 지지를 얻고, 석유를 매개로 주변국을 규합하여 ALBA, Petrocaribe 등 지역동맹을 주도. 2000년, 2006년, 2012년에 계속 당선되어 4선에 성공하였으나 2013년 암투병 끝에 사망함.

니콜라스 마두로(Nicolas Maduro)

젊은 시절 카라카스 메트로 회사의 버스기사로 일하며 노조활동을 함. 역량 있는 변호사이자 훗날 검찰총장에 오른 실리아 플로레스와 결혼하면서 정치적 입신을 함. 차베스 정부에서 외무장관, 부통령을 역임하며 후계자로 인정받음. 차베스 사망으로 2013년 4월 치러진 재선거에서 야당 후보인 엔리께 카프릴레스를 누르고 당선. 공교롭게도 그가 취임한 이후 국제유가가 급락하면서 석유 판매수입에 전적으로 의존해 온 국가재정이 파탄 위기를 맞음. 통치역량 부족을 드러낸 채 2015년 12월 총선에서 패배하면서 국정수습 동력을 완전히 상실. 국민들은 2016년 하반기부터 그의 국민소환을 요구하고 있음.

엔리께 카프릴레스(Henrique Capriles)

1972년생인 젊은 정치인. 유태인 집안 출신으로 독실한 가톨릭 신자. 2008~2012년 미란다 주지사 역임. 2012년 10월 대선에서 중도우파 정의제일당의 후보로 우고 차베스와 대결했으나 낙선함.

핸섬한 용모에 유려한 언변으로 중산층과 여성 지지층이 두터움. 마두로 정권에 맞서는 야권의 중심인물이며, 가장 유력한 차기 대권주자임.

에콰도르

라파엘 꼬레아(Rafael Correa)

2007년 1월 대통령에 당선된 후 2013년 재선에 성공함. 미국에서 경제학 박사학위를 취득하고 경제학 교수를 지냈음에도 정치 입문 후에는 반자본주의를 표방. 차베스, 카스트로, 모랄레스와 함께 좌파 강경노선을 주도함.

레닌 모레노(Lenin Moreno)

변호사 출신 정치인. 2006년 총선에서 당선되어 의회 진출. 2007년 1월 라파엘 꼬레아 정부 출범과 함께 부통령에 취임. 2013년 유엔 장애인 인권특사. 2017년 4월 대선에 출마하여 야당 후보 기예르모 라소에게 근소한 표차로 승리하며 당선. 1998년 강도를 당해 총상을 입은 후부터 휠체어를 타고 활동 중임.

페루

파블로 쿠친스키(Pedro Pablo Kuczynski)

이민 3세인 경제학자 출신으로서 세계은행과 IMF에서 일함.

2001~2005년 경제금융부 장관을 거쳐 2005~2006년 총리를 역임. 2011년 대선에 출마했으나 실패하고 2016년 다시 도전하여 당선됨. 중도우파 성향.

게이꼬 후지모리(Keiko Fujimori)

알베르토 후지모리 전 대통령의 맏딸. 2011년 콜럼비아 대선에 출마했으나 오얀따 우말라 대통령에게 패배하고 2016년 대선에서도 쿠친스키에게 패함. 2016년 4월 실시된 1차투표에서는 39.8%를 득표하여 쿠친스키 후보(21%)를 압도하였으나, 6월 결선투표에서 근소한 차이로 역전패함. 농촌지역에서 확고한 지지를 받고 있는데다가 여전히 부친의 후광도 살아 있어, 차기 대권에 다시 도전할 가능성이 큼. 재선의원인 동생 겐지 후지모리(1980년생)도 차기 대권 도전 의지를 밝히고 있어, 게이꼬의 대안이 될 수도 있음.

볼리비아

에보 모랄레스(Evo Morales)

아이마라 원주민 출신으로 어릴 때부터 억압과 착취의 현장을 경험하며 소외계층의 인권신장에 눈을 뜸. 2005년 대선에서 사회주의운동당(MAS) 후보로 출마하여 당선, 최초의 원주민 출신 대통령이 됨. 2009년과 2013년 재선에 성공함. 차베스,

카스트로와 함께 강경 좌파노선을 주도했으며, 볼리비아의 체 게바라로 불림. 재임기간 중 매년 5% 내외의 성장을 이루고 빈곤 퇴치에도 성과를 거두어 국민적 지지가 높음. 이를 바탕으로 2016년 2월 대통령의 연임 제한을 철폐하는 헌법개정안을 국민투표에 부쳤으나 부결되어 정치적 타격을 입음. 그럼에도 그가 차기 대선에 다시 출마할 가능성을 배제할 수 없음(집권당인 MAS는 이미 그를 차기 대통령 후보로 결정).

칠레

미첼 바첼레트(Michelle Bachelet)

 산티아고 출신의 의학도. 1973년 피노체트 쿠데타군에 의해 당시 공군사령관이던 부친이 체포되어 고문 끝에 사망. 모친과 그녀 자신도 고문받고 국외로 추방됨. 호주와 동독에서 망명생활을 하다가 1979년 고국으로 돌아옴. 귀국 후 NGO에서 활동. 2002년 칠레 최초의 여성 국방장관을 역임하고, 2006년 대선에 출마하여 대통령에 당선. 2010년 퇴임 후 유엔 여성기구 총재를 맡아 일하다가 2014년 다시 출마하여 재선에 성공함. 2014년 취임 당시 65%에 달하는 높은 지지를 받았으나, 공약했던 개혁조치 실행이 지지 부진한데다가 아들이 부당하게 이권에 개입한 스캔들이 불거지면서 지지율이 20%대로 떨어져 고전중임.

세바스티안 피녜라 (Sebastian Piñera)

하버드대학 경제학 박사 출신. 칠레대학교 경제학 교수를 거쳐 1990~1998년 상원의원. 2006년 대선에 나섰으나 미첼 바첼레트에 패하여 낙선. 2010년 다시 대권에 도전하여 당선, 2010년 3월 ~2014년 3월 대통령 재임. 라틴아메리카 최대 항공사인 LAN 항공과 칠레비전 방송, 콜로-콜로 스포츠클럽 등에 상당한 지분을 갖고 있는 재력가. 대통령 재임 초기인 2010년 8월 발생한 산호세 광산 붕괴사고(33인의 광부가 매몰되었다가 70일 만에 전원 구조됨) 때 현장에서 구조활동을 직접 지휘하며 강한 인상을 남김. 2016년 10월 실시된 지방선거에서 미첼 바첼레트가 이끄는 집권당이 패배함에 따라, 차기 대선의 유력한 야당 후보로 다시 부상함.

아르헨티나

마우리시오 마크리 (Mauricio Macri)

기업인 출신으로 보카 후니오스의 구단주를 지냄. 2007~2015년 부에노스아이레스 시장 역임. 2015년 10월 대선에서 크리스티나 대통령의 전폭적인 지원을 받은 집권당의 다니엘 시올리 후보를 누르고 당선. 집권 후 공공부문개혁(연방공무원 2만 명 감축), 외환통제정책 폐지, 수출 관세 인하, 전기·가스 보조금 축소 등 개혁을 밀어붙이고, 해외에서 국채를 성공적으로 발행해 국가

신용을 회복하는 등 위기를 슬기롭게 극복. 2016년 3월 오바마 대통령이 아르헨티나를 공식 방문, 그의 정책을 높이 평가하고 지지를 표명함.

크리스티나 페르난데스(Cristina Fernandez de Kirchner)

법학도 출신. 2001년 상원의원 당선. 2003년 대통령에 당선된 남편 네스토르 키르치네르를 도와 왕성하게 정치활동을 하면서 남편보다 더 지명도를 높임. 2007년 대선에 출마하여 당선, 세계 최초로 직접선거에 의해 부부가 대통령직을 주고받는 진기록을 세움. 2011년 대선에서도 낙승하여 재선에 성공함. 능숙한 언변과 정치적 카리스마를 갖춰 남미 정치의 주역으로 활동했으며, '파타고니아의 표범'으로 불림.

우루과이

따바레 바스께스(Tabaré Vázquez)

종양학을 전공한 의학도. 1990~1995년 몬테비데오 시장 역임. 세 번의 대권 도전 끝에 2005년 좌파 정당 연합인 광역전선(Frente Amplio) 후보로 출마하여 당선. 우루과이 역사상 최초로 좌파 정부 시대를 엶. 후임자인 호세 무히까 대통령 집권기간 5년이 지난 후 2015년 대선에 다시 출마하여 재선에 성공. 온건한 시장경제적 사회주의를 지향함.

호세 무히까(José Mujica)

청년시절부터 정치에 관심을 가짐. 1960년대 군사독재시절, 도시게릴라 뚜빠마로스 대원으로 활동하다가 체포되어 13년간 옥살이를 함. 1985년 석방되어 1994년 상원의원, 2005년 농목축부장관 역임. 2010년 대선에서 광역전선 후보로 출마하여 당선. 검소한 생활, 격식에 얽매이지 않는 소탈한 풍모로 '세상에서 가장 가난한 대통령'으로 알려짐. 프란치스코 교황도 이 시대의 현자라고 칭송함. 부인 루시아 토폴란스키 여사도 상원의원으로 활동하고 있음.

파라과이

오라시오 까르떼스(Horacio Cartes)

미국에서 공부했으며, 26개 기업을 거느린 기업인 출신. 2009년 정치에 입문하여, 4년 만인 2013년 대선에 콜로라도당 후보로 출마하여 당선. 기업인 출신답게, 파라과이의 발전을 위해서는 인프라 개선, 확충이 가장 긴요하다는 소신을 갖고 있으며 해외 투자 유치에도 매우 적극적임.

브라질

룰라(Luiz Inacio Lula da Silva)

가난한 어린 시절부터 금속공장 노동자로 일함. 1978년 철강노동위원으

로 노조를 이끌었고, 1980년 노동자당 결성. 2002년 대선에서 당선되어 첫 좌파 정권 시대를 염. 2006년 재선됨. 재임 중 강력한 통화정책으로 경제를 안정시키고 연간 5% 이상의 경제성장을 달성. 후임인 호세프 대통령이 2016년 탄핵되고 노동자당도 몰락 위기에 처해 있어 차기 대권주자로 다시 급부상함.

지우마 호세프(Dilma Rousseff)

일찍이 사회운동에 눈떠 1964년 게릴라 조직에 가담하여 활동. 2001년 노동자당에 입당, 룰라 정부에서 2003년 에너지장관, 2005년 수석장관 역임. 룰라의 후임으로 2010년 대선에 당선, 최초의 여성 대통령이 됨. 강한 추진력으로 '브라질의 대처' 또는 '철의 여인'으로 불림. 2014년 재선되었으나, 2016년 8월 탄핵됨.

미셰우 테메르(Michel Temer)

변호사 출신. 브라질민주운동당 소속으로 2014년 호세프의 연립정부 러닝메이트로 부통령에 당선. 2016년 8월 호세프의 탄핵이 확정되면서 대통령직을 승계함. 정치적 기반이 약한데다가 본인도 호세프 정부의 부통령으로서 탄핵 책임으로부터 자유롭지 못해 강력하게 국정을 장악하지는 못하고 있음.

참고문헌

라틴아메리카의 역사(상, 하) : 벤자민 킨/키스 헤인즈, 김원중 외 역, 가람기획,
    2008

현대 라틴아메리카 : 토머스 E. 스키드모어/피터 H. 스미스/제임스 N. 그린, 우석
    균/김동환 외 옮김, 그린비, 2014

라틴아메리카 역사 다이제스트 100 : 이강혁, 가람기획, 2008

라틴아메리카의 형성(교환과 혼종) : 서울대 라틴아메리카연구소(김달관 외) 엮음,
    한울아카데미, 2014

라틴아메리카, 만들어진 대륙 : 월터 D. 미뇰로, 김은중 역, 그린비, 2010

라틴아메리카의 어제와 오늘 : 임상래/이종득 외, 이담북스, 2011

라틴아메리카를 찾아서 : 곽재성, 우석균, 민음사, 2000

스페인 문화순례 : 김창민 외, 서울대학교 출판문화원, 2013

라틴아메리카 종교와 문화 : 박종욱, 이담북스, 2013

인물세계사 : 현공숙, 청아출판사, 1999

자료

중남미 뉴스레터 : 외교부 중남미국

FEALAC 사이버사무국 보고서 : 외교부 중남미국

중남미 자원인프라협력센터 보고서 : 외교부 중남미국

트랜스라틴 : 서울대 라틴아메리카연구소 웹진

다시 떠오르는 엘도라도

라틴아메리카

펴낸날 초판 1쇄 2017년 6월 15일
초판 3쇄 2019년 8월 30일

지은이 최연충
펴낸이 서용순
펴낸곳 이지출판

출판등록 1997년 9월 10일 제300-2005-156호
주 소 03131 서울시 종로구 율곡로6길 36 월드오피스텔 903호
대표전화 02-743-7661 팩스 02-743-7621
이메일 easy7661@naver.com
디자인 박성현
인 쇄 (주)꽃피는청춘

값 18,000원

ISBN 979-11-5555-068-7 03950

이 도서의 국립중앙도서관 출판예정도서목록(CIP)은 서지정보유통지원시스템 홈페이지
(http://seoji.nl.go.kr)와 국가자료공동목록시스템(http://www.nl.go.kr/kolisnet)에서 이용하실
수 있습니다.(CIP제어번호: CIP2017012951)